FRECUENCIAS

Español comunicativo para el siglo XXI

Nivel A2

Libro del estudiante

Equipo **Frecuencias**

PARTE 1 A2.1

Edinumen

ISBN - Libro del estudiante: 978-84-9179-540-7
Depósito legal: M-15847-2020

Impreso en España
Printed in Spain
0722

Coordinación pedagógica:
M.ª José Gelabert

Coordinación editorial:
Amelia Guerrero y Mar Menéndez

Maquetación:
Juanjo López, Sara Serrano y Elena Lázaro

Diseño de portada y maqueta:
Juanjo López

Estudio de grabación:
Producciones Activawords

Impresión:
Gráficas Glodami. Madrid

Vídeos:
Serie *Hostal Babel*, creada y producida por Edinumen

Créditos fotográficos en pág. 110

Editorial Edinumen
José Celestino Mutis, 4. 28028 Madrid. España
Teléfono: (34) 91 308 51 42
Correo electrónico: edinumen@edinumen.es
www.edinumen.es

¡En Edinumen nos apasiona el español!

Desde nuestros inicios hace ya más de 30 años, nuestro objetivo ha sido siempre mejorar la experiencia del aprendizaje de español en todo el mundo. Nos enorgullece decir que el cien por cien de nuestros recursos están dedicados exclusivamente a la enseñanza y aprendizaje de español como lengua extranjera y segunda lengua.

Durante todos estos años, hemos tenido el enorme privilegio de trabajar al lado de entusiastas profesionales del español que viven y desarrollan su labor en multitud de países y, por lo tanto, representan realidades diferentes. Así, hemos constatado los cambios que se han ido produciendo y hemos afrontado juntos nuevos retos para lograr el objetivo que compartimos: que los estudiantes que deciden aprender español sean capaces de disfrutar también de un apasionante universo sociocultural y lingüístico tan completo como enriquecedor.

Este reto es hoy especialmente emocionante. Gracias al desarrollo de las nuevas tecnologías, la interacción entre culturas y personas interconectadas desde todos los lugares del mundo es permanente y se produce a un ritmo inimaginable hasta ahora. Los hablantes de español del siglo XXI son interlocutores en un universo compuesto por realidades lingüísticas y culturales muy diversas que se nutren entre sí.

En los últimos años ha habido un intento justificado de integrar en los materiales didácticos muestras de lengua que se asemejen lo más posible a los modelos reales. En este sentido, **Frecuencias** incorpora, por primera vez en un manual de ELE, una extensa muestra de ejemplos extraídos de las bases de datos o corpus* que, siempre al hilo de los contenidos tratados, ilustran variantes de carácter léxico, gramatical o comunicativo con el fin de acercar al estudiante a las diferentes realidades sociolingüísticas hispánicas.

Además, **Frecuencias** se ha desarrollado metodológicamente en dos ejes: el aprendizaje por contenidos y la resolución de tareas que permiten al estudiante poner en práctica los conocimientos adquiridos anteriormente, lo que favorece un aprendizaje activo y eficaz.

Por último, queremos destacar la colaboración entre **Edinumen**, especialistas en ELE, y la **Real Academia Española (RAE)** en la génesis del proyecto, así como el asesoramiento de la RAE en el uso de los corpus y su revisión final del presente trabajo. Sin su ayuda y apoyo este manual no podría haber visto la luz.

Estamos muy ilusionados de presentar este nuevo manual de ELE, que da respuesta a las necesidades de estudiantes y docentes para un aprendizaje real en el siglo XXI.

* Colección de textos de todos los países hispanohablantes en formato electrónico, con varios millones de palabras, que la Real Academia Española (RAE) ha codificado y clasificado y que permiten la búsqueda a través de formas, lemas, categorías gramaticales, zonas geográficas, etc.

Edi numen

Especialistas en ELE

FRECUENCIAS

Frecuencias es el nuevo curso de español que da respuesta a las necesidades de estudiantes y docentes para un aprendizaje real en el siglo XXI.

Frecuencias sigue las recomendaciones del *Marco común europeo de referencia para las lenguas (MCER)* y su sílabo se ha elaborado a partir del *Plan curricular del Instituto Cervantes*.

El curso favorece un aprendizaje **activo**, de manera que el conocimiento de la lengua es **real**, **significativo y adaptado** a las **necesidades** del estudiante.

Una propuesta metodológica eficaz

Frecuencias combina el **aprendizaje por contenidos** con la **resolución**, en una fase posterior, de **tareas** en las que el estudiante tiene que poner en funcionamiento los conocimientos adquiridos previamente. Esta combinación facilita el aprendizaje, ya que los contenidos se van presentando **de manera progresiva** a lo largo de los apartados, de modo que el estudiante, al enfrentarse a las tareas, ha adquirido ya todas las herramientas que necesita para resolverlas con éxito.

Las actividades que se presentan son **significativas social y emocionalmente**, conectan con el estudiante y lo involucran en su aprendizaje. Estas actividades aumentan la **motivación** y favorecen la asimilación de lo aprendido.

La incorporación de los corpus de la RAE: CORPES XXI y CREA

Frecuencias incluye una extensa muestra de **ejemplos reales** extraídos de los corpus de la RAE para mostrar usos auténticos de lengua, con **variantes** que ejemplifican la riqueza lingüística del mundo hispánico, algunas **frecuencias** de uso y **combinatoria** de palabras, así como fenómenos de carácter **gramatical o comunicativo**.

Las muestras se destacan claramente en el manual a través de cuadros estratégicamente colocados junto a los contenidos a los que hacen referencia.

> RAE
> GRAMÁTICA
> En las zonas voseantes de América, el imperativo tiene una forma propia para la persona vos *(hablá, bebé, abrí, empezá, volvé, elegí, tené, hacé, poné, vení, salí, decí...)*: *Empezá vos, por favor./**Comé, comé**, está muy bueno.*

Una visión global del mundo hispánico

La presencia de aspectos **culturales e interculturales** a lo largo de las actividades, así como en el apartado "Cultura", y la integración destacada de las **variantes hispánicas** facilitan la creación de una conciencia global del mundo hispánico y la adquisición de habilidades de comunicación por parte del estudiante. Todo esto le permite desenvolverse con éxito en una realidad lingüística y cultural tan compleja como la de la comunidad hispanohablante.

Un atractivo y motivador material audiovisual

Frecuencias presenta la serie ***Hostal Babel***, comedia de situación específicamente creada para el manual, en la que, a través de una anécdota y su resolución, se repasan los contenidos de cada unidad. La serie está protagonizada por cinco personajes de distintos países de habla hispana.

Un diseño a doble página que facilita el aprendizaje

Frecuencias aporta un **atractivo y moderno diseño a doble página** que permite presentar los contenidos de manera **motivadora**, **clara y ordenada**, lo que facilita el aprendizaje.

En colaboración con la Real Academia Española (RAE)

La **Real Academia Española (RAE)** es miembro de la Asociación de Academias de la Lengua Española (ASALE), que se formó en México en 1951 y que está integrada actualmente por las veintitrés academias de la lengua española existentes en el mundo (veinte en América, además de España, Filipinas y Guinea Ecuatorial).
Su objetivo es llevar a cabo una política lingüística panhispánica trabajando unidas para conseguir la integridad y el crecimiento de la lengua española.

Entre sus logros cabe destacar la publicación, en coautoría, del *Diccionario de la lengua española* a partir de su XXII edición, la *Ortografía* en sus ediciones de 1999 y 2010, y el *Diccionario panhispánico de dudas* (2005), así como la elaboración de distintas bases de datos o corpus.

Frecuencias es un proyecto desarrollado por **Edinumen** con la colaboración de la **Real Academia Española**. Esta colaboración se ha centrado en dos aspectos:

- por un lado, Edinumen ha tomado en consideración los corpus lingüísticos y bases de datos que la RAE ofrece, así como su conocimiento del uso del español, para el desarrollo del curso;
- por otro lado, el manual ha sido revisado por la Real Academia Española como lingüística, léxica y gramaticalmente correcto.

Los corpus: CORPES XXI y CREA

El **Corpus del Español del Siglo XXI (CORPES XXI)** es un proyecto impulsado por la Asociación de Academias de la Lengua Española (ASALE). Está formado por diferentes tipos de textos de todos los países del mundo hispánico. Reúne un conjunto de 400 millones de formas y palabras, con una distribución de un 70 % de América y un 30 % de España, que aparecen en textos producidos a partir de 2001.

El **Corpus de Referencia del Español Actual (CREA)** está diseñado para proporcionar información exhaustiva acerca de la lengua en un momento determinado de su historia y es lo suficientemente extenso para representar todas sus variedades relevantes. Se compone de una amplia variedad de textos escritos y orales, producidos en todos los países de habla hispana entre 1975 y 2004 y en los que es posible la búsqueda por formas, lemas y categorías gramaticales.

Frecuencias, curso de español revisado por la RAE y que incluye muestras auténticas de los corpus lingüísticos.

Estructura del libro

Cada nivel de **Frecuencias** está compuesto por **diez unidades didácticas** estructuradas en ocho apartados con unos objetivos específicos:

- **presentación** de los contenidos de la unidad;
- activación de los **conocimientos previos** de los estudiantes sobre el tema;
- presentación y actividades para la adquisición de **vocabulario**;
- presentación y práctica de los **contenidos gramaticales**;
- **secuencia comunicativa** para poner en práctica los conocimientos adquiridos, a través de tareas significativas y el **desarrollo de las cuatro destrezas**;
- presentación de **contenidos culturales** relacionados con el universo hispánico;
- actividades de **vídeo** sobre la serie *Hostal Babel*, que presenta en un contexto real y cotidiano los contenidos tratados en cada unidad;
- **evaluación** de lo aprendido y reflexión sobre el aprendizaje.

Los diferentes apartados han sido pensados para que se realicen en **una o dos sesiones** de clase cada uno de ellos, dependiendo de las necesidades y la progresión específica de cada grupo de estudiantes.

Las tareas están diseñadas para trabajar en **diferentes dinámicas: de modo individual**, **en parejas**, **en grupos pequeños y todo el grupo**, fomentando de esta manera el trabajo colaborativo y el intercambio de conocimientos entre los diferentes miembros de la clase. Estas dinámicas aparecen indicadas con las siguientes etiquetas:

En parejas **En grupos pequeños** **Todo el grupo**

Cada nivel de **Frecuencias** viene acompañado de un apéndice de **Pronunciación y ortografía** con diez fichas prácticas que trabajan el componente fonético y ortográfico y que pueden presentarse en clase según las necesidades específicas de cada grupo.

La ELEteca (extensión digital)

La **ELEteca** es una completa **plataforma *e-learning*** con funcionalidades y contenidos digitales que facilitan la enseñanza/aprendizaje de la lengua.

La ELEteca de **Frecuencias** ofrece **actividades interactivas** para la práctica en línea de los principales contenidos de cada apartado de las unidades, todo el **material audiovisual** del curso y una gran variedad de recursos tanto para el estudiante como para el docente.

Para entrar en la ELEteca, regístrate con el código que aparece en el interior de la cubierta en:

https://eleteca.edinumen.es/

HOSTAL *Babel*

Frecuencias presenta esta serie de ficción, en la que, a través del humor, se recogen los contenidos principales de cada unidad.

La acción transcurre principalmente en el **hostal Babel**, un lugar de encuentro en el que conviven cuatro estudiantes y Bea, la dueña del hostal.

El hostal Babel es un lugar divertido, familiar y con cierto toque bohemio. Un lugar ideal para vivir innumerables experiencias que acompañarán a los estudiantes a lo largo de todo el manual.

BEA

30 años, española

La dueña del hostal. Una mujer simpática, trabajadora, divertida y dinámica. Siempre de buen humor, lo mismo hace de amiga que de psicóloga o de árbitra en los conflictos que surgen en el hostal.

CARLA

24 años, argentina

Estudiante universitaria de Filosofía. Carla es una chica estudiosa, intelectual y formal. También es muy habladora y un poco "sabelotodo".

TERE

19 años, española

Estudiante de Empresariales, aunque poco amiga de las clases y muy amiga de las fiestas y la diversión. Extrovertida, simpática, dormilona y poco aplicada en sus deberes.

LEO

19 años, español

Estudia Química. Es un chico inteligente, aunque tímido, introvertido y con pocas habilidades sociales. Amante del cine fantástico, los cómics, la parapsicología y los videojuegos.

HUGO

20 años, mexicano

Estudia Veterinaria, es vegano, animalista y amante del yoga y de la vida sana. Aunque tiene algunos conflictos en el hostal, acaba entablando una gran amistad con sus compañeros.

No te pierdas ***Hostal Babel***, un lugar de encuentro para la amistad, la tolerancia y la mezcla de culturas.

Estructura de las unidades y elementos gráficos guía visual

Portada. En ella se encuentran resumidos los objetivos principales de cada unidad, así como imágenes y preguntas que introducen el tema y activan la motivación.

Objetivos de aprendizaje.

Preguntas de motivación.

Dinámica recomendada para las diferentes actividades.

¿Qué sabes? Apartado con actividades para sondear los conocimientos previos de los estudiantes sobre el tema a tratar, a la vez que se anticipa el vocabulario, algunas estructuras gramaticales y elementos culturales de los apartados sucesivos.

Uso de elementos visuales para la realización de muchas de las actividades.

Palabras. Secuencia de actividades de léxico que facilitan el aprendizaje del vocabulario contextualizado según el tema de la unidad. Las actividades están destinadas a que los estudiantes descubran palabras o expresiones y aprendan a combinarlas y a usarlas en contexto. Este aprendizaje se lleva a cabo a través de textos orales o escritos, imágenes, definiciones, cuadros semánticos… que permiten deducir e interpretar su significado.

En este apartado, los cuadros de la RAE constatan diferencias léxicas entre el español de España y el de América con ejemplos extraídos de los corpus.

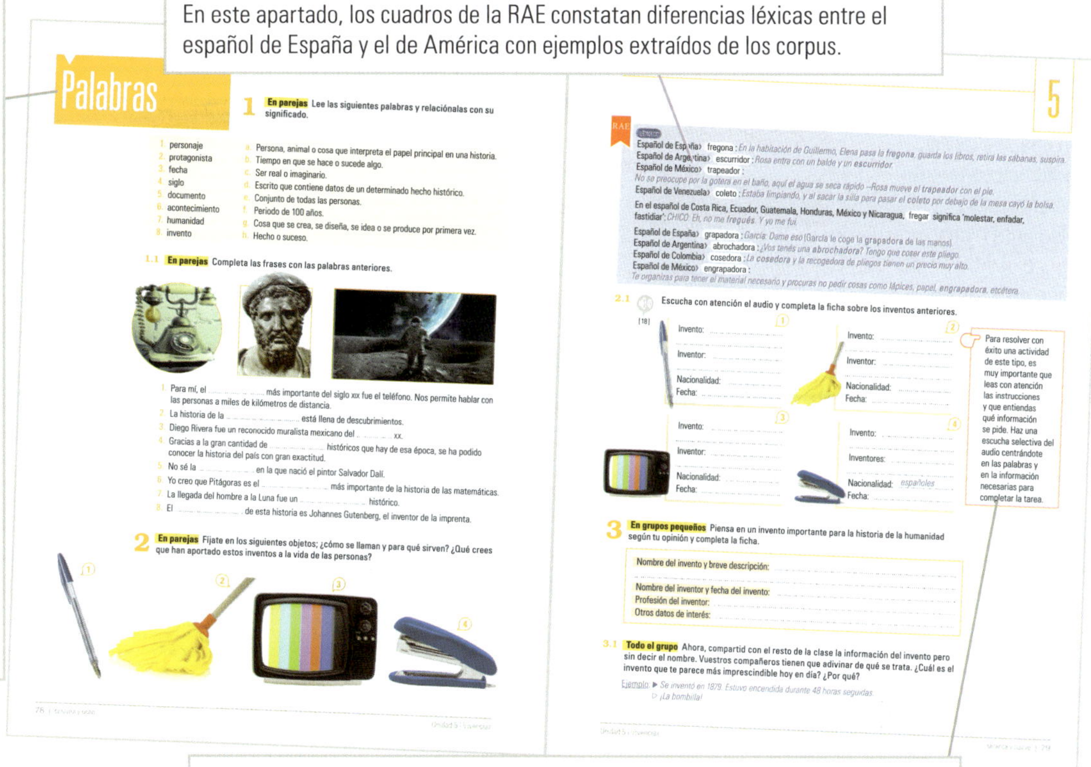

Cuadro de atención que sirve para resaltar o recordar los contenidos importantes.

Gramática. La gramática se presenta sistematizada a través de cuadros diseñados para facilitar su aprendizaje y de actividades de reconocimiento y práctica guiada de los contenidos tratados.

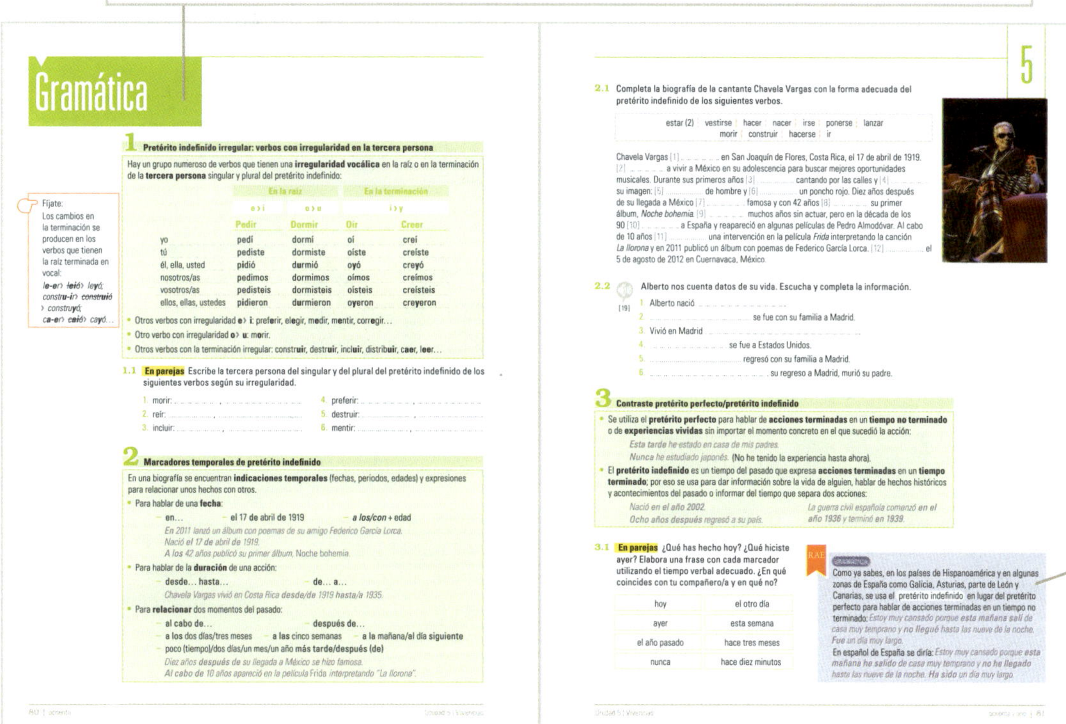

En este apartado, los cuadros de la RAE presentan información referida a cuestiones gramaticales (contraste entre el español de España y el de América, frecuencias de uso, regímenes verbales, etc.) con ejemplos extraídos de los corpus.

Practica en contexto. El estudiante aprende a interactuar a través de las diferentes tareas presentadas en una secuencia didáctica coherente y significativa. Mediante estas tareas el estudiante pone en práctica los conocimientos adquiridos hasta el momento con actividades de comprensión y producción orales y escritas, interactuando según las diferentes dinámicas propuestas.

Los cuadros funcionales se presentan en el momento adecuado de la secuencia como una herramienta que el estudiante utiliza para resolver con éxito la tarea propuesta.

Cultura. Los contenidos culturales se presentan en una secuencia muy visual y dinámica en la que se tratan temas socioculturales de España e Hispanoamérica.

En este apartado cobran especial importancia la imagen, el diseño y los distintos formatos de texto: gráficos, diagramas, mapas, folletos turísticos…

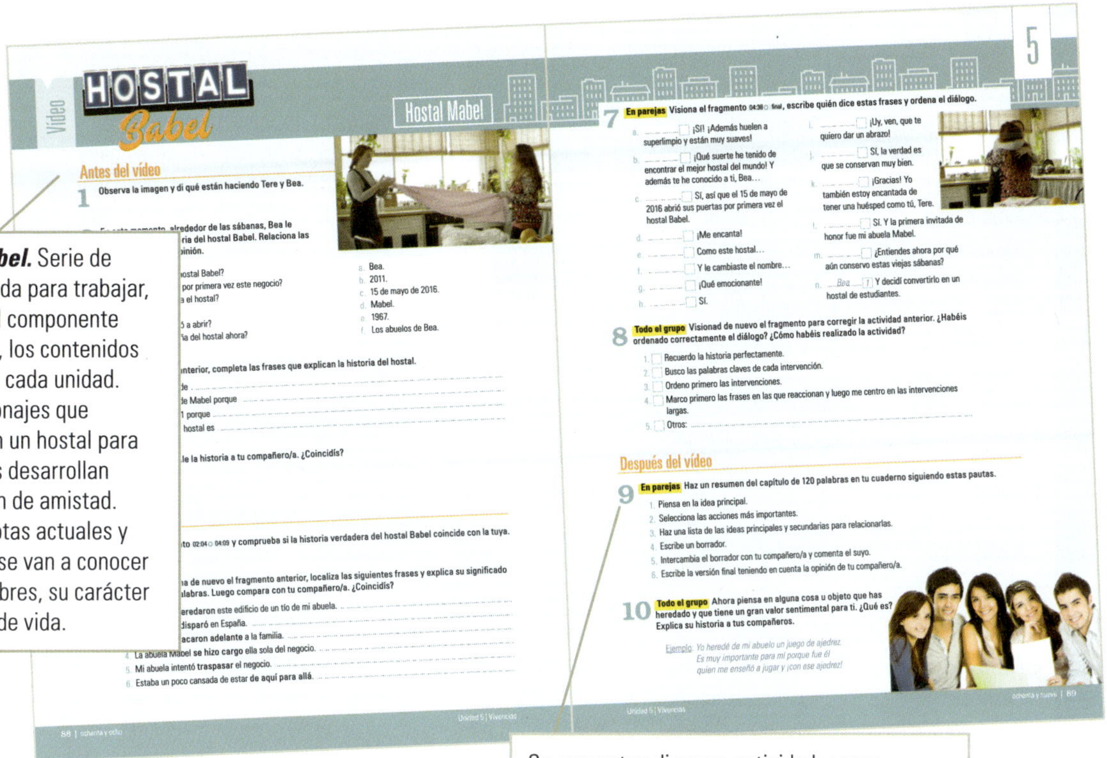

Hostal Babel. Serie de ficción ideada para trabajar, a través del componente audiovisual, los contenidos tratados en cada unidad. Cinco personajes que conviven en un hostal para estudiantes desarrollan una relación de amistad. Con anécdotas actuales y divertidas, se van a conocer sus costumbres, su carácter y su forma de vida.

Se presentan diversas actividades para predecir, comprender y comentar la historia, así como para trabajar la comunicación no verbal.

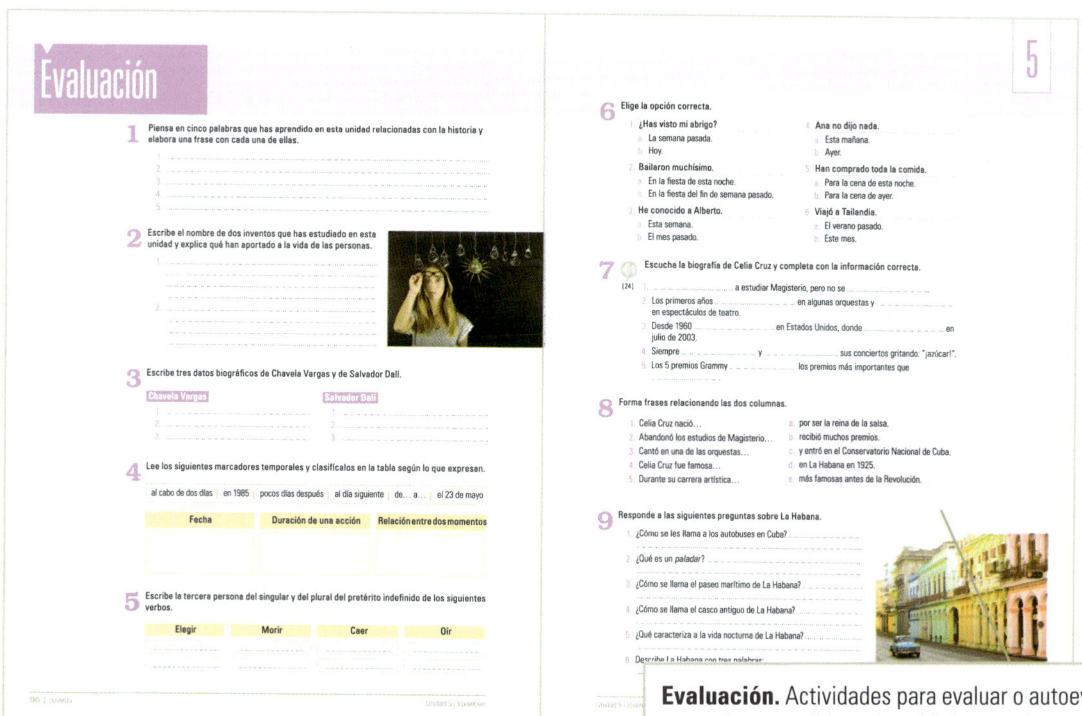

Evaluación. Actividades para evaluar o autoevaluar lo que se ha aprendido en la unidad y que sirven para que el estudiante tome conciencia de su propio aprendizaje. Con ellas, este puede reflexionar acerca de los errores cometidos e identificar aquellos contenidos que necesite repasar.

Índice

	Comunicación	Gramática	Léxico	Tipos de texto	Técnicas y estrategias	Cultura
4 Hemos conectado pág. 56	• Narrar acciones terminadas relacionadas con el presente • Hablar de experiencias vividas o no • Hablar de conocimientos y habilidades • Expresar negación • Interpretar y elaborar un gráfico	• Pretérito perfecto regular e irregular • Contraste *ya/todavía no, aún no* • Contraste *conocer/ saber* • Negación: *nunca, jamás, tampoco, nadie...* – Doble negación: *No... nunca, ni... ni...*	• Internet y las nuevas tecnologías • Palabras polisémicas • Experiencias vitales • Decimales	• Texto conversacional: encuesta sobre el uso de las redes sociales • Texto narrativo: correo electrónico, viaje a África • Texto descriptivo: experiencias vitales • Texto gráfico: uso de internet	• Aprender el léxico sobre las nuevas tecnologías a través de iconos • Recursos para aprender español en la red • Traducir a la lengua materna para comparar con la lengua meta	• Voluntariado digital: Campus Solidario de UNIR, Conéct@te y Tecnológico de Monterrey
				Vídeo: *Hostal Babel* • Episodio 4: *Un mensaje que dice: "Error"*		
5 Vivencias pág. 74	• Hablar de sucesos, hechos y acciones del pasado situándolos en el tiempo • Contar anécdotas: iniciar el relato, mostrar interés y reaccionar a lo largo del mismo • Escribir una biografía	• Pretérito indefinido irregular: verbos con irregularidad en la tercera persona • Marcadores temporales de pretérito indefinido: – De inicio y duración – Para relacionar dos momentos del pasado • Contraste pretérito perfecto/indefinido • Contraste *ya/todavía no, aún no* (repaso)	• Léxico para contar anécdotas • Inventos e inventores • Actividades cotidianas	• Texto narrativo: biografía y anécdotas • Texto conversacional: mensajes de voz entre amigos • Instagram • Texto narrativo: correo electrónico, actividades de ocio	• Leer las instrucciones, la tarea a realizar o tomar notas durante una audición para facilitar la comprensión del texto oral • Reaccionar ante el interlocutor: el silencio como muestra de falta de interés	• Malentendidos culturales • Biografía de Salvador Dalí, Chavela Vargas y Celia Cruz • La Habana (Cuba)
				Vídeo: *Hostal Babel* • Episodio 5: *Hostal Mabel*		

España datos de interés

Número de habitantes

46.5 millones de habitantes

España es el tercer país más visitado del mundo, superado únicamente por Francia y Estados Unidos.

La mayor reserva ecológica de Europa está en España: el parque nacional de Doñana.

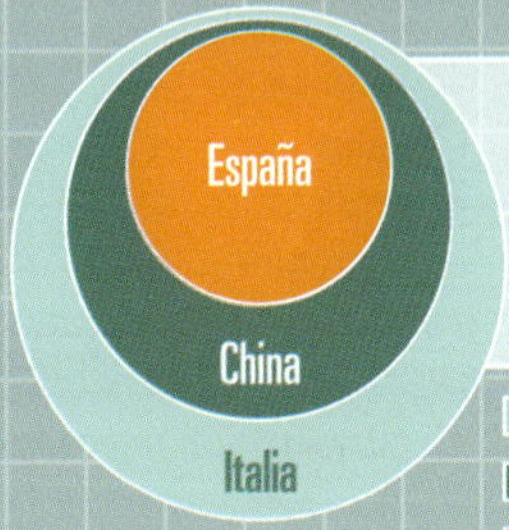

Es el tercer país con más sitios Patrimonio de la Humanidad, por detrás de Italia y China.

- Italia (51)
- China (50)
- España (45)

Monumentos más visitados en España:

- La Alhambra (Granada)
- La Sagrada Familia (Barcelona)
- La Mezquita (Córdoba)
- La Catedral de Santiago de Compostela (La Coruña)
- La Catedral de Burgos (Castilla y León)

Es el líder mundial en donación de órganos.

Las cuevas de Altamira albergan el arte paleolítico más antiguo de Europa.

Hispanoamérica | datos de interés

Según *National Geographic*, el glaciar Perito Moreno, dentro del parque natural Los Glaciares en Argentina, es el cuarto paraje natural más bello del mundo, y el parque nacional Canaima, en Venezuela, ocupa el lugar número 15.

¡Hola!

La mayoría de los hablantes de español se encuentran en Hispanoamérica:

375 millones de hablantes nativos

Países más visitados de Hispanoamérica

- **México** ≃ 40 000 000
- **Argentina** ≃ 7 000 000
- **Chile** ≃ 6 500 000
- **República Dominicana** ≃ 6 000 000

Principales culturas precolombinas

- **Azteca** (Sur de México, siglos XIV-XVI)
- **Maya** (México y Guatemala, siglos I-XVII)
- **Inca** (Ecuador, Perú, Bolivia, norte de Argentina y Chile, siglos XV-XVI)

¿Por qué estudio español?

Más de 591 millones de personas hablan español en el mundo. De ellos, 493 millones son nativos.

El español es la **segunda lengua materna del mundo** por número de hablantes, después del chino mandarín.

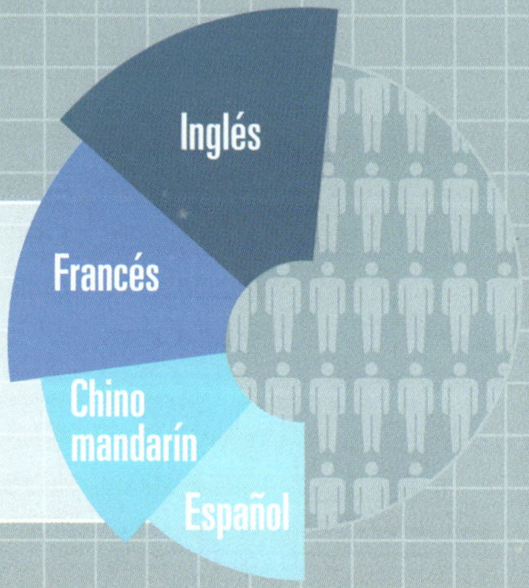

Es la cuarta lengua más estudiada del mundo después del inglés, el francés y el chino mandarín: actualmente hay 24 millones de estudiantes de español en el mundo.

La contribución del conjunto de los países hispanohablantes al PIB mundial es del 6.9 %.

6.9 %

- El español es la tercera lengua más utilizada en la red.
- El 7.9 % de los usuarios de internet se comunica en español.
- El español es la segunda lengua más utilizada en Wikipedia, en Facebook, en LinkedIn y en Twitter.

El español es la cuarta lengua más poderosa del mundo.

El español ocupa la cuarta posición en el ámbito institucional de la Unión Europea.

Es la tercera lengua en el sistema de trabajo de la ONU: es una de sus seis lenguas oficiales.

España es el tercer país exportador de libros del mundo.

España, Argentina y México se encuentran entre los quince principales países productores de películas del mundo.

Datos extraídos del informe *El español: una lengua viva*, elaborado y redactado por David Fernández Vítores, y dirigido y coordinado por la Dirección Académica del Instituto Cervantes (2021).

Libro del estudiante

Nivel **A2.1**

Unidad

1

¿Tienes mucho tiempo libre?

¿Qué te gusta hacer en tu tiempo libre?

¿Te interesan más las actividades culturales o las deportivas?

¿Qué puedes hacer los fines de semana en tu ciudad?

¡Qué divertido!

En esta unidad vas a. . .

- Hablar de lo que te gusta hacer en tu tiempo libre
- Preguntar por los gustos y preferencias de los demás
- Expresar la frecuencia con que se realizan las acciones
- Conocer datos curiosos sobre México

¿Qué sabes?

1 **En parejas** ¿Qué hacen estas personas? Escribe debajo de cada imagen la acción que se desarrolla. Luego compara el resultado con tu compañero/a.

1.1 **En parejas** ¿Qué acciones de las anteriores asocias al tiempo libre? ¿Por qué?

1.2 **Todo el grupo** De las actividades cotidianas que no forman parte del tiempo libre, ¿cuál es la que más te gusta hacer? ¿Y la que menos?

RAE

LÉXICO

Español de España › fregar ('limpiar algo restregando un cepillo con agua y jabón'): *Trabajaban muchas horas **fregando** platos, pero compensaba.*

Español de América › fregar ('fastidiar, molestar'): *No lo dices por **fregarme**, ¿verdad?*

1

2 **En grupos pequeños** ¿Qué te gusta hacer los fines de semana? ¿Qué otras actividades sueles hacer? ¿Coincides con tus compañeros?

Cocinar en familia.

Ir de compras.

Practicar deporte al aire libre.

Ir al gimnasio.

Limpiar la casa.

Viajar.

Palabras

1 **En parejas** Relaciona las palabras con las imágenes y completa las frases con los elementos que faltan. Fíjate en el ejemplo. Luego compara con tu compañero/a.

deporte | exposición | película | redes sociales
instrumento | fiesta | compras | videojuegos | ~~paseo/vuelta~~

1 Dar ..... un paseo/una vuelta .....

2 Salir ....

3 Hacer ....

4 Ir ....

5 Visitar ....

6 Ver ....

7 Chatear ....

8 Jugar ....

9 Tocar ....

1.1 Lee el correo que Laura escribe a una amiga y sustituye cada expresión subrayada por alguna de las que has visto en la actividad anterior.

Hola, Marta, ¿qué tal todo por allí? Yo, como siempre, llevo una vida muy tranquila. Ya sabes, cuando no estoy trabajando, quedo con amigos y vamos al gimnasio, a montar en bici o a correr. Intento hacer ejercicio al menos dos o tres veces por semana, pero es difícil... Casi todos los sábados Raúl y yo salimos, vamos al cine y damos una vuelta por el centro. No solemos ir a bailar por la noche. Esa etapa ya pasó. Ahora prefiero ver algo de arte, ver una buena película o tener una tranquila charla con un buen amigo en una cafetería. Y tú, ¿qué haces?

2 [1] David y Sara hablan de lo que les gusta hacer en su tiempo libre. Escucha y anota en tu cuaderno qué cuatro actividades mencionan de la actividad 1 y las cuatro nuevas que aparecen.

2.1 [1] Escucha de nuevo y completa los huecos con la información que tienes a continuación.

hacer excursiones | en las redes sociales | ir de compras | oye música | dar una vuelta | salir con los amigos | juega a algún videojuego | novelas | periódicos | va en el autobús

1. A David, después de clase, le gusta .... por el centro comercial.
2. Sara .... con su hermano y chatea .... con sus amigos.
3. Sara lee .... y David prefiere leer ....
4. David a menudo .... Sara, solo cuando ....
5. A Sara, los fines de semana, le encanta ....
6. A ninguno de los dos les gusta ....; prefieren .... para tomar algo.

3 **En parejas** Pregunta a tu compañero/a con qué frecuencia realiza estas actividades.

⊖ - - - - - - - - - - - - > ⊕

	Nunca	Casi nunca	A veces	A menudo	Todos los días/Siempre
1. Ir de compras.	☐	☐	☐	☐	☐
2. Dar un paseo/una vuelta.	☐	☐	☐	☐	☐
3. Ver una película.	☐	☐	☐	☐	☐
4. Chatear con amigos.	☐	☐	☐	☐	☐
5. Hacer deporte.	☐	☐	☐	☐	☐
6. Salir con amigos.	☐	☐	☐	☐	☐
7. Jugar a videojuegos.	☐	☐	☐	☐	☐
8. Oír/Escuchar música.	☐	☐	☐	☐	☐
9. Hacer excursiones.	☐	☐	☐	☐	☐
10. Leer un libro.	☐	☐	☐	☐	☐

Otros: ....

3.1 **Todo el grupo** Comparte con el resto de la clase la información que has obtenido de tu compañero/a.

3.2 **Todo el grupo** El cuadro de la derecha muestra la frecuencia de uso de las expresiones referidas a actividades de ocio en España e Hispanoamérica. ¿Crees que son las actividades más practicadas? Justifica la respuesta según los resultados de la actividad 3.

RAE

FRECUENCIA DE USO DE EXPRESIONES DE TIEMPO DE OCIO

⊕
- Chatear con amigos.
- Jugar a videojuegos.
- Salir de fiesta.
- Hacer deporte.
- Ir de compras.
- Oír música.
- Ver una película.
- Tocar un instrumento.
- Dar un paseo.
- Leer un libro.

⊖

Gramática

RAE

GRAMÁTICA

El pronombre vos en presente de indicativo

Español de España › tú. *Tú piensas/juegas/pides*: *Todo el mundo me dice que tú quieres irte al Banco de España.*

Español de América › vos. *Vos cantás/sabés/vivís*: *¿Y vos cómo lo sabés…?*

1 Presente de indicativo regular

Completa la conjugación del presente de indicativo regular:

	Hablar	Leer	Escribir
yo	hablo		escribo
tú		lees	escribes
él, ella, usted	habla	lee	
nosotros/as	hablamos		escribimos
vosotros/as		leéis	escribís
ellos, ellas, ustedes	hablan	leen	

Recuerda: Algunos verbos tienen un cambio ortográfico para conservar el sonido original del infinitivo. Este cambio no se considera una irregularidad: *coger › cojo; convencer › convenzo; seguir › sigo…*

2 Presente de indicativo irregular

- Verbos que tienen **irregularidades propias** o **doble irregularidad**:

Ser	Estar	Ir	Tener	Venir	Decir	Oír
soy	**estoy**	**voy**	**tengo**	**vengo**	**digo**	**oigo**
eres	**estás**	**vas**	tienes	vienes	dices	oyes
es	**está**	**va**	tiene	viene	dice	oye
somos	estamos	**vamos**	tenemos	venimos	decimos	oímos
sois	estáis	**vais**	tenéis	venís	decís	oís
son	**están**	**van**	tienen	vienen	dicen	oyen

- Verbos que solo tienen **irregular la primera persona** *(yo)*:

poner › **pongo**	conocer › **conozco**	salir › **salgo**	nacer › **nazco**	ver › **veo**
hacer › **hago**	conducir › **conduzco**	valer › **valgo**	traer › **traigo**	dar › **doy**

- Verbos que tienen **cambios vocálicos**:

e › ie Pensar	o › ue Poder	e › i Pedir	u › ue Jugar	i › y Construir
pienso	puedo	pido	juego	construyo
piensas	puedes	pides	juegas	construyes
piensa	puede	pide	juega	construye
pensamos	podemos	pedimos	jugamos	construimos
pensáis	podéis	pedís	jugáis	construís
piensan	pueden	piden	juegan	construyen

2.1 [2] Escucha lo que hace Jaime los fines de semana y anota los verbos irregulares que usa en la categoría correspondiente.

1.ª persona irregular	e › ie	o › ue	e › i	i › y	Otros

3 Oraciones de relativo

- Las oraciones de relativo permiten **unir frases** que tienen un elemento en común. Para ello, se usan los **relativos**.
- Los relativos más usados son ***que*** y ***donde***:

  Tengo un **hijo** + mi **hijo** habla chino › *Tengo un **hijo que** habla chino.*

  Vivo en una **casa** + la **casa** está cerca › *La **casa donde** vivo está cerca.*

3.1 Piensa en una actividad que te gusta y en dos o tres cosas que tienes o llevas siempre para practicarla. Descríbelas sin mencionar su nombre ni el nombre de esa actividad.

Ejemplo:

– *Llevo un producto **que** me protege la piel de los rayos de sol.*
– *Tengo un objeto **que** me protege los ojos del sol.*
– *Voy a un lugar **donde** me puedo bañar.*

3.2 **Todo el grupo** Ahora explícales a tus compañeros qué llevas para hacer la actividad. Ellos deben adivinar el nombre de los objetos y de la actividad.

Ejemplo: *Llevas crema solar, tienes unas gafas de sol y vas a una piscina. ¡Te gusta tomar el sol en la piscina!*

3.3 **En parejas** Lee este chat entre Jaime y un amigo extranjero que aún no sabe formar oraciones de relativo y corrígelo. Fíjate en las palabras que resaltamos.

Steve: Oye, Jaime, tengo **un videojuego** nuevo. **El videojuego** es muy bueno y divertido.

Jaime: ¿Cómo se llama?

Steve: Tiene **un nombre** muy raro, no recuerdo **el nombre** ahora.

Jaime: ¿Cuándo puedo ir a tu casa para jugar? ¿Esta tarde?

Steve: Mejor mañana, tengo más tiempo. ¿Puedes traer **tu consola**? **Tu consola** es mejor.

Jaime: Sí, claro. La llevo.

Steve: Por cierto, te debo **dinero**. Mañana te devuelvo **el dinero**.

Jaime: Vale, no hay problema.

Steve: Entonces, hasta mañana.

Jaime: ¡Chao!

3.4 **En parejas** Fíjate en el ejemplo y escribe frases definiendo los objetos de las imágenes.

Ejemplo: *Una consola es un dispositivo que sirve para jugar a videojuegos.*

Practica en contexto

1 [3] Escucha con atención, observa las fotos y señala qué hace Ana durante sus vacaciones.

1 ☐

2 ☐

3 ☐

4 ☐

5 ☐

6 ☐

Organizar el discurso y las acciones

Existen palabras y expresiones que nos ayudan a **organizar el discurso y las acciones**. Algunos de sus usos son:

- Expresar **consecuencia** › *por eso, entonces, por lo tanto*:

  Para mí las vacaciones son para descansar, ***por eso*** *nunca me llevo el ordenador.*

- **Ordenar** la información › ***primero, luego, después, por último, para terminar***:

  Primero *desayuno,* ***luego*** *hablo por teléfono y* ***después*** *hago la compra.*

- **Ejemplificar** › ***por ejemplo, como***:

  Me gusta practicar deportes al aire libre; ***por ejemplo****, hacer senderismo, descenso de ríos o simplemente pasear por el bosque.*

1.1 **En parejas** Ahora completa con las palabras adecuadas para organizar el discurso de Ana.

Me levanto sobre las 10:00. [1] .... me ducho y [2] .... nado un poco en la piscina. [3] .... desayuno en el hotel con mucha calma... El desayuno es la comida del día que más me gusta, [4] .... nunca me la pierdo. Antes del mediodía voy a la playa para relajarme: me siento a la orilla del mar, con un sombrero para protegerme del sol y con una bebida refrescante de frutas. Lo más importante es desconectar del día a día; [5] ...., durante mis vacaciones, no hablo por teléfono con nadie, no enciendo el ordenador ni leo ningún mensaje del trabajo. [6] .... de comer duermo una pequeña siesta de 20 minutos, vuelvo a la playa y, [7] ...., buceo con un grupo de amigos. Para terminar el día, practico alguna rutina que me ayude a sentirme mejor; [8] ...., hago yoga durante una hora o me doy un baño relajante.

1.2 Piensa en tus vacaciones y escribe cómo es tu rutina cuando no trabajas o estudias. Utiliza las palabras para organizar el discurso que conoces.

Me levanto a las...

1.3 **Todo el grupo** Ahora explícales a tus compañeros cómo es tu rutina en vacaciones y comprueba si es muy parecida o diferente.

2 **En grupos pequeños** María y Adrián tienen el sábado libre y buscan un lugar para pasárselo bien. Lee qué les gusta hacer y las diferentes propuestas y escoge una actividad para cada uno.

MARÍA

- Pasar el tiempo con sus hijos.
- Pasar su día libre en un lugar divertido y entretenido para sus hijos.
- No estar en lugares muy ruidosos y peligrosos.

ADRIÁN

- Conocer a gente.
- Pasar un día divertido al aire libre.
- No estar solo.

Valorar positivamente

- ***Gustar*** + sustantivo o infinitivo
  Me gusta la playa.
  Me gusta relajarme en la playa.
- ***Preferir*** + sustantivo o infinitivo
  Prefiero la playa. Es muy relajante.
  Prefiero pasar mis vacaciones en la montaña.

Valorar negativamente

- ***No gustar*** + sustantivo o infinitivo
  No me gustan los deportes de riesgo.
  No me gusta practicar deportes de riesgo.
- ***Molestar*** + sustantivo o infinitivo
  Me molestan los lugares ruidosos.
  Me molesta estar en un lugar ruidoso.

Visita al planetario y al Jardín de la Vía Láctea

Los visitantes están en contacto con las estrellas, los planetas y el universo. Este sábado se realiza una actividad dinámica y divertida tanto para niños como para adultos: la visita al Jardín de la Vía Láctea. Todos los participantes viajan a la Vía Láctea para conocer sus elementos y dimensiones.

Descenso de ríos o *rafting*

Este sábado puedes disfrutar del deporte al aire libre y en equipo. En plena naturaleza, todos los participantes descienden ríos rápidos en balsas de goma.
En cada balsa van seis o siete personas con un guía que conoce al detalle cada parte del río y que es experto en primeros auxilios. Es una experiencia única y emocionante.

Cine al aire libre en los jardines del castillo

Este fin de semana se celebra un ciclo de cine al aire libre en los jardines del castillo en medio del bosque. Durante los dos días se proyectarán diferentes películas: infantiles, de cine fantástico, antiguas, románticas… para todos los gustos y edades. Un plan perfecto para disfrutar en familia, con amigos o solo.

Parque de atracciones

Es la opción ideal para pasar un día en familia, con amigos o solo y conocer a más gente. Este parque ofrece juegos para niños y adultos en escenarios de gran belleza, así como circuitos al aire libre para todas las edades y condiciones físicas. Es el mejor plan para pasar un sábado o un domingo lleno de risas y diversión.

2.1 **Todo el grupo** Justifica tu elección al resto del grupo.

Ejemplo: *El planetario es una buena opción para María, porque le gustan los lugares tranquilos; pero el* rafting *no, porque no le gustan las actividades peligrosas.*

3 **En parejas** Pregunta a tu compañero/a qué sabe de las disciplinas deportivas que tienes en este anuncio de un gimnasio.

- Organizamos grupos de *running*
- Clases de zumba
- Clases de yoga
- Tenemos todos los niveles de TRX

3.1 Has buscado más información en la prensa digital sobre estos deportes y has encontrado este artículo. Léelo y comprueba tu respuesta de la actividad anterior.

Los deportes de moda

Algunas de las disciplinas deportivas que más éxito tienen actualmente entre la población son tradicionales; otras, en cambio, son muy novedosas. Todas ellas están cambiando los hábitos deportivos de nuestra sociedad.

Los grupos de *running*

Existe un nuevo estilo dentro del *running* que son los grupos de corredores. Estos grupos se organizan para darle a este deporte solitario un carácter más social. Practicar *running* en grupo es una actividad donde predomina el buen ambiente, se conoce gente y se comparte la misma afición.

El *boom* del yoga

Es una de las disciplinas más practicadas actualmente. Las posturas de yoga, llamadas *asanas*, son ejercicios que unen el cuerpo con la mente. No consisten en imitar una postura determinada, sino en conseguir el equilibrio y la concentración en ese punto, con una respiración adecuada. El yoga contribuye al completo desarrollo de los aspectos físico, psicofísico, mental y espiritual.

El TRX

El TRX *(total-body resistance exercise)* es una modalidad deportiva que se basa en el entrenamiento en suspensión aprovechando el peso del cuerpo. Es una actividad muy recomendada para personas que sufren con frecuencia dolores de espalda. Otra ventaja del TRX es que se puede hacer desde casa con el equipo necesario. Practicando TRX aumentas la fuerza y la resistencia muscular al mismo tiempo que tonificas todo el cuerpo.

A ritmo de zumba

La zumba es una modalidad de *fitness*, procedente de Colombia, con la que nos mantenemos en forma al tiempo que nos divertimos, pues combina movimientos de baile con una serie de repeticiones aeróbicas. Tanto los ejercicios como la música son propios de Latinoamérica y se aprende a dominar diferentes estilos, como la cumbia, la salsa y el merengue.

Adaptado de http://capital.es/2015/02/los-deportes-de-moda/

3.2 [4] Cristina y Rubén están decidiendo a qué disciplina se van a apuntar. Escúchalos y anota en tu cuaderno lo que piensan de cada deporte. ¿Qué disciplina elige cada uno? ¿Por qué?

3.3 **En parejas** ¿Y a ti? ¿Qué actividad te interesa más? ¿Por qué?

4 **Todo el grupo** De los deportes que conoces, ¿cuál te parece más interesante? Cuéntaselo al resto de la clase y argumenta tus respuestas. Fíjate en el ejemplo.

> Yo he practicado muchos deportes: correr, aeróbic, gimnasia, natación... Y para mí el más interesante es la natación porque trabajas todo el cuerpo y es muy bueno para curar los problemas de espalda, y también porque nadar es muy relajante.

Hablar sobre los motivos y razones para hacer algo

- ***¿Para qué/Por qué*** + verbo conjugado…?
  ¿Para qué practicas deporte?
  ¿Por qué practicas deporte?
- ***Para*** + infinitivo
  Para sentirme mejor.
- ***Porque*** + verbo conjugado
  Porque quiero sentirme mejor.

4.1 **En parejas** Vamos a hacer una encuesta sobre los hábitos deportivos de tu clase. Primero pregúntale a tu compañero/a qué deporte suele practicar y luego pídele que responda a las siguientes preguntas.

1. ¿Con qué frecuencia lo practica?
2. ¿Desde cuándo?
3. ¿Cuánto tiempo le dedica cada vez?
4. ¿Con quién lo practica?
5. ¿Dónde?
6. ¿Qué necesita para practicarlo?
7. ¿Practica otros deportes? ¿Con qué frecuencia?

4.2 **Todo el grupo** Comparte con el resto de la clase la información obtenida y elabora con tus compañeros la clasificación de los deportes más practicados.

5 Lee el siguiente texto sobre la pelota vasca; puedes buscar más información en internet.

Así como en Brasil tienen la *capoeira*, en Japón el sumo y en Inglaterra el críquet, la pelota vasca es un deporte practicado de forma tradicional en el País Vasco, Navarra y La Rioja (España).
Los primeros documentos sobre este juego son del siglo XIII y actualmente existen federaciones de pelota vasca por todo el mundo.
Es un deporte en el que participan dos jugadores o dos equipos que golpean por turnos una pelota contra un muro hasta conseguir un tanto. Para golpear la pelota, pueden utilizar una paleta de goma o la mano.
La cancha donde juegan se llama *frontón*. Hay dos tipos principales de frontón, uno que mide 36 metros y otro de 54 metros.

5.1 **Todo el grupo** ¿Existe en tu país o región algún deporte o juego tradicional? Cuenta a tus compañeros cómo es. Usa relativos como en el texto que has leído.

Viva México

Algunos datos curiosos sobre México

1 **En parejas** Lee estas informaciones sobre México. Tres son falsas, ¿sabes cuáles son?

1 México es el país con mayor número de hispanohablantes, 120 millones, pero el español no es la lengua oficial del país. ✓ ✗

2 El mariachi es una música y un baile popular interpretados por orquestas que son conocidas también como *mariachis*. ✓ ✗

3 Ciudad de México es la ciudad con el mayor número de museos en el mundo. ✓ ✗

4 Muchos de los murales de Diego Rivera se encuentran en edificios públicos de México. ✓ ✗

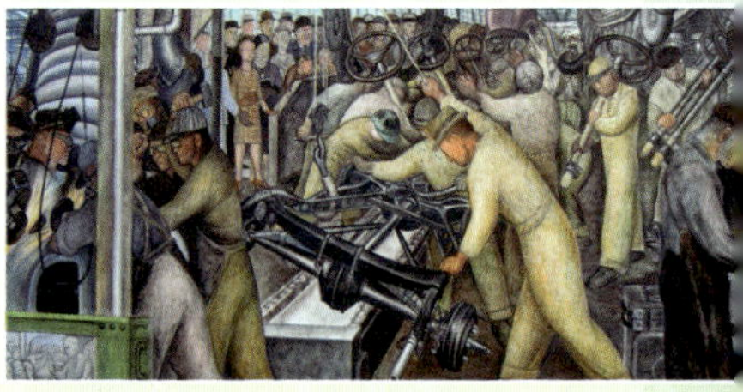

5 En México se hablan cincuenta y tres lenguas distintas. ✓ ✗

6 En México hay más de 200 000 especies distintas de plantas y animales: es uno de los países con mayor diversidad y riqueza natural del mundo. ✓ ✗

7 La frontera de México con EE. UU. es la segunda mayor del mundo, después de la frontera de EE. UU. con Canadá. ✓ ✗

8 En México está la mayor pirámide del mundo. ✓ ✗

9 Las playas de Ciudad de México son las mejores y más famosas del país. ✓ ✗

10 La palabra *México* significa 'en el ombligo de la luna'. ✓ ✗

1. Cierto. En la Constitución de México no se reconoce ninguna lengua oficial. **2.** En efecto, el mariachi es la música popular más famosa de México; procede del estado de Jalisco. **3.** Así es, existen en la capital 170 museos. **4.** Correcto: algunos de los murales más importantes de Diego Rivera se encuentran en edificios públicos como el Palacio Nacional o la Escuela Nacional Preparatoria. **5.** No es cierto, en México se hablan más de 60 lenguas indígenas. **6.** Así es, entre el 10 % y el 12 % de todas las especies del mundo pueden encontrarse en territorio mexicano. **7.** Falso, la longitud de la frontera entre México y EE. UU. es de 3185 km, y ocupa el décimo puesto en el *ranking* mundial. **8.** Es cierto: con 450 metros de ancho y 66 metros de altura, la Gran Pirámide de Cholula es la pirámide más grande de la Tierra. Esta pirámide está bajo una montaña. **9.** Falso, Ciudad de México no tiene playas, no es una ciudad costera. Las playas más conocidas están en Cancún o Playa del Carmen. **10.** En efecto, la palabra *México* tiene su origen en el idioma náhuatl y significa 'en el ombligo de la luna'.

1.1 **Todo el grupo** ¿Qué otras cosas sabes sobre México? Busca información en internet y compártela con tus compañeros.

1.2 **Todo el grupo** ¿Has estado alguna vez allí? Cuenta tu experiencia.

Vídeo

HOSTAL Babel

Tardes libres

Antes del vídeo

1 Observa la imagen con atención y di qué crees que están haciendo los inquilinos del hostal Babel. ¿Sabes cómo se llama este juego?

....

2 **En parejas** ¿Sabes qué se necesita para jugar? Completa con el nombre adecuado y explica cómo se juega.

tablero
ficha
cubo
dado

[1] ....
[2] ....
[3] ....
[4] ....

Durante el vídeo

3 Visiona el fragmento 00:30 ▶ 01:28 y anota...

1. quién ha ganado: ....
2. quién ha perdido: ....
3. qué debe hacer la persona que ha perdido: ....

4 Visiona el fragmento 01:40 ▶ 03:48 y marca las actividades que les gusta hacer en su tiempo libre a Hugo, Leo y Tere.

	Hugo	Leo	Tere
Ir de compras.	☐	☐	☐
Jugar a videojuegos.	☐	☐	☐
Ir al gimnasio.	☐	☐	☐
Hacer ejercicio al aire libre.	☐	☐	☐
Socializar en las redes sociales.	☐	☐	☐
Ir a clases de yoga.	☐	☐	☐

5 Observa las fotos. ¿Qué actividades crees que le proponen Leo, Tere y Carla a Hugo para sus tardes libres? Luego visiona el fragmento 03:40 ▶ final, comprueba tus respuestas y completa.

Propuesta de Leo: ....

Propuesta de Tere: ....

Propuesta de Carla: ....

Después del vídeo

6 **En parejas** Lee el siguiente diálogo del vídeo, fíjate en las expresiones resaltadas y escríbelas al lado de su significado.

Hugo: Tres, cuatro, cinco... ¡Ay, no! ¡Si **sacas un tres**, puedes comerme!
Tere: ¡Síííí! **¡Te comeré!** Pásame el dado. ¡**Voy a por ti**, Hugo!
Hugo: ¡Siempre **juegas a ganar**, Tere!
Leo: ¿Ella? ¡Siempre! ¡Tere odia perder!

1. Poner el objetivo en alguien para ganarle: ....
2. Jugar con la finalidad de ser el número uno: ....
3. Obtener un resultado: ....
4. Quitarle una ficha a otro jugador en el parchís: ....

7 **En parejas** Lee la siguiente frase de Hugo y responde:

"Chicos, les quiero preguntar algo: este semestre no tengo ninguna clase por la tarde...".

1. ¿Qué forma utiliza Hugo para dirigirse a sus amigos? ¿*Vosotros* o *ustedes*?
2. ¿En qué países de habla hispana se suele utilizar esta forma para dirigirse a amigos?

8 **En parejas** Visiona el fragmento 01:53 ▶ 01:59 y di qué expresión utiliza Carla refiriéndose al tiempo libre. ¿Cómo se dice esta expresión en el español de España?

9 **En parejas** ¿Te gustan los juegos de mesa? ¿Es habitual jugar en tu país? ¿Cuáles son los que más te gustan? ¿Por qué?

Evaluación

1 Lee el vocabulario relacionado con las actividades cotidianas y de ocio y clasifícalo en la columna adecuada.

RAE

LÉXICO

Español de España › ir de compras:
*Hoy nos **vamos de compras**.*

Español de América › ir de compras, vitrinear, hacer *shopping*:
*En su tiempo libre, se dedicó a su cuerpo en el gimnasio del edificio donde vive y a **hacer shopping** acompañada de sus amigos.*

Español de España › hacer la compra:
*Ella se levantaba muy temprano cada mañana y **hacía la compra**...*

Español de América › hacer las compras, hacer el mercado, ir al mandado/mercado:
*Pues una persona común y corriente, que gusta de **ir al mercado**, cocinar, dedicar tiempo a su familia.*

Hacer la compra. | Practicar deporte. | Tocar un instrumento. | Cocinar. | Ir de compras. | Leer una novela. | Limpiar la casa. | Ir al gimnasio. | Visitar un museo. | Fregar los platos.

Actividades cotidianas	Actividades de ocio

2 Escribe el verbo adecuado debajo de cada imagen.

hacer | dar | ir | visitar | tocar | ver

1. .... la guitarra.

2. .... la compra.

3. .... una película.

4. .... un museo.

5. .... de compras.

6. .... una vuelta.

3 Ordena las siguientes formas adverbiales según su frecuencia de más a menos.

a menudo | todos los días/siempre | nunca | a veces | casi nunca

1. .... 2. .... 3. .... 4. .... 5. ....

4 Piensa en una actividad de ocio y tiempo libre que haces...

- todos los días/siempre: ....
- a menudo: ....
- casi nunca: ....
- nunca: ....

5 Escribe los siguientes verbos en presente de indicativo y contesta a las preguntas.

Ir	Pensar	Hablar	Contar

1. ¿Qué verbo es regular? ...
2. ¿Qué verbo tiene una conjugación completamente irregular? ...
3. ¿Qué verbo tiene la irregularidad *-e* › *-ie*? ...
4. ¿Qué verbo tiene la irregularidad *-o* › *-ue*? ...

6 En sus vacaciones, Óscar hace todos los días lo mismo y en el mismo orden. Escucha con atención y ordena las actividades.

[5]

7 Después de trabajar con esta unidad, valora tus conocimientos sobre los siguientes temas.

	Bien	Regular	Mal
1. Actividades de ocio y tiempo libre	☐	☐	☐
2. Adverbios de frecuencia	☐	☐	☐
3. Presente de indicativo irregular	☐	☐	☐
4. Valorar, hablar de gustos y preferencias	☐	☐	☐
5. Pedir y dar información sobre los motivos y razones para hacer algo	☐	☐	☐

8 Completa la información sobre México.

1. ¿Qué es un *mariachi*? ...
2. Longitud de la frontera entre México y EE. UU. ...
3. Número de lenguas indígenas que se hablan en México. ...
4. El nombre de la pirámide más grande de la Tierra. ...
5. Significado de la palabra *México*. ...

Unidad

2 Estamos de fiesta

¿Qué fiestas sueles celebrar cada año?

¿Cuál te hace más ilusión?

¿Te gustan las fiestas sorpresa?

Fíjate en las imágenes; ¿has participado alguna vez en estas celebraciones?

En esta unidad vas a. . .

- Hacer comparaciones
- Formular buenos deseos
- Proponer planes y hacer sugerencias
- Expresar acuerdo y desacuerdo
- Conocer cómo se celebra el cumpleaños en el mundo hispano

¿Qué sabes?

1 **En parejas** Observa los alimentos de la pirámide. ¿Conoces alguno? Completa con la palabra adecuada.

2 **Todo el grupo** Comparte con tus compañeros los nombres de todos los alimentos que conoces de la actividad anterior.

2.1 **Todo el grupo** Actualmente se está discutiendo si esta distribución clásica de los alimentos es correcta para llevar una alimentación saludable, ¿tú qué piensas? ¿Cómo debe ser esta pirámide en tu opinión? Justifica tu respuesta.

3 **En grupos pequeños** ¿Con qué alimentos de los anteriores crees que se puede hacer una tarta de cumpleaños?

RAE

LÉXICO

Español de España y América › tarta/pastel:
*De postre una **tarta** de almendras excelente.*
*Allí estaba mi madre, haciendo un **pastel** que olía delicioso y cantando.*
Español de América › torta: *La **torta** de boda tiene cuatro enormes pisos.*
Español de Honduras › queque: *Eliminar galletas dulces, **queques**...*

4 **En parejas** ¿Cómo te gusta celebrar tu fiesta de cumpleaños? Fíjate en lo que te proponemos, compara ambas opciones y elige una en cada caso. Trabaja con tu compañero/a y defiende tus elecciones.

1. ¿Fiesta normal o sorpresa?

(+) más (-) menos (=) igual

Ejemplo:
Me gustan más las fiestas normales que las fiestas sorpresa porque soy tímido.

2. ¿En casa o fuera?

(+) más (-) menos (=) igual

3. ¿Tarta de chocolate o de manzana?

(+) más (-) menos (=) igual

4. ¿Regalos o tarjetas regalo?

(+) más (-) menos (=) igual

5. ¿Muchos invitados o pocos?

(+) más (-) menos (=) igual

5 Marca, entre las palabras que hay a continuación, las que tienen relación con el tema de las fiestas y las celebraciones.

☐ globos	☐ invitación	☐ felicitación	☐ preparativo	☐ tarjeta	☐ personaje
☐ sorpresa	☐ escenario	☐ protagonista	☐ regalo	☐ ceremonia	☐ baile

6 **Todo el grupo** ¿Qué crees que necesitas aprender o repasar para poder hablar mejor sobre este tema? ¿Coincides con tus compañeros?

Palabras

1 **En parejas** Con tu compañero/a, clasifica las palabras en su imagen correspondiente. ¿Sabes el nombre de otros alimentos que aparecen en las fotografías?

1. cebolla	5. arroz	9. tarta	13. plátano
2. espagueti	6. jamón	10. naranja	14. queso
3. manzana	7. zanahoria	11. ajo	15. helado
4. tomate	8. patata	12. lechuga	16. tapa

A ______

B ______

C ______

D ______

E ______

F ______

1.1 **En parejas** Relaciona las imágenes anteriores con las siguientes palabras. ¿Cuál de ellas no se puede clasificar en ninguna categoría? ¿Por qué? Justifica tu respuesta.

☐ verdura ☐ fruta ☐ dulces ☐ lácteos ☐ embutidos ☐ pasta y legumbres

1.2 **Todo el grupo** De los alimentos anteriores, ¿cuáles son tus preferidos? ¿Cuáles comes con más frecuencia y cuáles con menos?

RAE

LÉXICO

Español de España › patata: *Tenemos el tiempo justo para comprar de camino pollo y **patatas** fritas.*
Español de España (Canarias) y español de América › papas:
*Rosa aparece con el plato del día: huevos estrellados, bistec, **papas** francesas, chiles jalapeños y frijoles refritos.*

Español de España y América › tomate:
*En la cafetería de la prensa se sirven ensaladas de **tomate** y mozzarella con albahaca y aceite de oliva.*
Español de México › jitomate: *Pique finamente los **jitomates**, la cebolla y dos dientes de ajo y fríalos en aceite caliente.*

Español de España › plátano: *Elisa pidió arroz con **plátanos** fritos y un bistec.*
Español de América › banana: *Es una bebida hecha con trozos de frutas de la época: **banana**, uva, piña, melón, naranja.*

Español de España › pimiento: *Basilio te prepara una cesta de tomates, **pimientos** y hortalizas.*
Español de América › chile: *Ellos comen con hambre albóndigas de liebre, carne con **chile** y papas, frijoles y tortillas de trigo.*

2 **En parejas** En cada grupo de palabras hay dos intrusos. Descúbrelos. Luego compara con tu compañero/a.

Bebidas			Utensilios		
con/sin alcohol	cerveza	con/sin hielo	botella	cuchillo	tenedor
con/sin gas	refresco	agua (mineral)	plato	taza	infusión
champán	cuchara	servilleta	vaso	zumo	copa

2.1 **Todo el grupo** ¿Qué alimentos y bebidas de las actividades 1 y 2 relacionas con algún tipo de celebración u ocasión especial?

3 **En parejas** Observa las imágenes. ¿Sabes cómo se llaman estas celebraciones? Escribe el nombre en cada imagen. Luego compara con tu compañero/a.

1 ______________

2 ______________

3 ______________

3.1 Fíjate ahora en las expresiones que presentamos y clasifícalas en su celebración correspondiente. Piensa en otras situaciones donde se pueden usar las expresiones que no puedes clasificar en estos contextos.

				Otras situaciones:
¡Muy bien!	☐	☐	☐	....
¡(Muchas) Felicidades!	☐	☐	☐	....
¡Enhorabuena!	☐	☐	☐	....
¡Feliz cumpleaños!	☐	☐	☐	....
¡Felices fiestas!	☐	☐	☐	....
¡(Buena/Mucha) Suerte!	☐	☐	☐	....
¡Buen viaje!	☐	☐	☐	....
¡Felices vacaciones!	☐	☐	☐	....
¡Buen provecho! ¡Que aproveche!	☐	☐	☐	....

3.2 **Todo el grupo** Comparte tus resultados con el resto de la clase. ¿Coincidís?

3.3 [6] Escucha y relaciona cada diálogo con una celebración.

Diálogo 1	☐	☐	☐
Diálogo 2	☐	☐	☐
Diálogo 3	☐	☐	☐

3.4 [6] Escucha de nuevo y señala cuáles de las expresiones de 3.1 se han usado y si se corresponden con la celebración que has marcado previamente.

3.5 **Todo el grupo** ¿Cómo se felicita en tu idioma? ¿Cómo se desea suerte o se desea buen viaje? ¿Se parecen las expresiones a las que se usan en español?

Gramática

1 Comparativos

Cuando **comparamos** algo, podemos establecer tres grados:

- De **superioridad** (+) › ***más... que***: *Laura es **más** morena **que** tú.*
- De **inferioridad** (-) › ***menos... que***: *Hoy hay **menos** gente **que** ayer.*
- De **igualdad** (=) › – ***tan*** + adjetivo + ***como***: *Javi es **tan** alto **como** yo.*
  – ***tanto-a-os-as*** + nombre + ***como***:
  *Hoy hace **tanto** calor **como** ayer.*
  *Tienen **tanta** hambre **como** yo.*
  *Sara no tiene **tantos** libros **como** Julia.*
  *Tengo **tantas** amigas **como** amigos.*
  – verbo + ***tanto*** + ***como***
  *Mario gana **tanto como** yo.*

Hay cuatro comparativos de superioridad irregulares:

- + bueno › ***mejor***: *Esta canción es **mejor** que la anterior.*
- + malo › ***peor***: *Hoy el tiempo está **peor** que ayer.*
- + grande › ***mayor***: *Mi madre es **mayor** que la tuya.*
- + pequeño › ***menor***: *David es un año **menor** que nosotras.*

Fíjate:
Los comparativos ***mayor*** y ***menor*** se usan para referirse a la edad. Para comparar tamaños es más habitual usar ***más grande/ más pequeño***:
*Tu casa es **más grande** que la de Juan, sin duda.*

1.1 **En parejas** Tres de estos estudiantes han escrito textos para practicar la comparación. Subraya las expresiones que usan para ello y señala quiénes han sido.

2. ....
Lena tiene el pelo más liso que Tina y casi tan largo como ella, yo lo tengo un poco más oscuro y más corto que ellas. Mi camiseta es más clara que la de John, pero menos que la de Tina. Sara es tan alta como yo, pero yo soy un poco más joven.

1. ....
Sara es más alta que yo. Ella es tan alta como Sam, quizá un poco más que él. Lena es más delgada que yo y también tiene el pelo más largo, pero yo lo tengo más rizado que ella y casi tan largo como Sara. Sam es más moreno que yo y también tiene más barba. Yo tengo muy poca.

3. ....
Eva tiene el pelo más claro que yo, yo lo tengo tan oscuro como Lena, pero un poco más largo que ella. Sam y Sara son un poco mayores que los demás y son también más altos que nosotros. John es tan alto como yo y Lena un poco más baja.

1.2 **Todo el grupo** Piensa en un/a compañero/a de la clase y escribe tres frases comparándolo/la con otros. Los demás tendrán que adivinar quién es.

+ ....
– ....
= ....

1.3 En diez años cambian muchas cosas. Piensa en tu vida y escribe una redacción de ochenta palabras explicando qué cosas son *más... que* antes, cuáles *menos... que* y qué es *tan... como* antes.

Ahora soy más tranquila que antes y tengo menos amigos que hace diez años, pero son mejores. Eso sí, ahora estudio tanto como entonces...

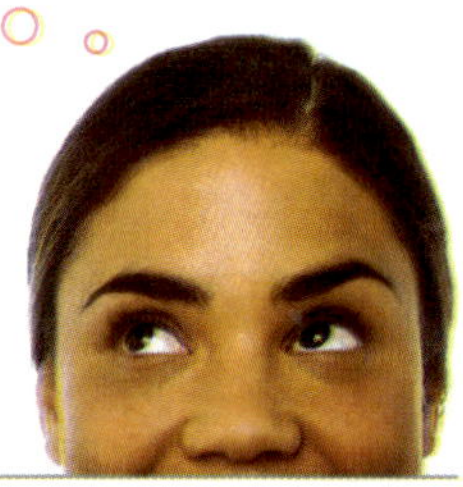

2 Contraste *ser* y *estar*

Usamos el verbo *ser* para hablar de las **características** que definen a las personas, las cosas y los lugares. Con el verbo *ser*:

- **Identificamos:**
  *David **es** mi profesor.* *Mi chaqueta **es** la azul.*
- **Describimos** personas, cosas y lugares:
  ***Eres** muy alta.*
  *La mesa **es** redonda y **es** de madera.*
- Describimos el **carácter** de las personas y la **calidad** de las cosas:
  ***Son** chicos inteligentes y serios.*
  *Esa película **es** muy buena.*
- Expresamos la **nacionalidad** y el **origen**:
  ***Soy** chileno, **soy** de Santiago.*
  *El ceviche **es** peruano.*
- Decimos la **profesión** y la ocupación:
  *Yo **soy** veterinaria, ¿tú qué **eres**?* ***Soy** estudiante.*
- Hablamos de las **relaciones personales** y de **pertenencia**:
  *Juan **es** mi primo y Ana y yo **somos** amigos.*
  *Este libro **es** de Raúl.*

Usamos el verbo *estar* para referirnos a **características temporales** o que se refieren a un estado. Con el verbo *estar* hablamos de:

- Estados **físicos**:
  *No **estoy** enfermo, **estoy** cansado.*
- Estados **de ánimo**:
  *Marta **está** muy contenta y Javi **está** nervioso.*
- Estado o situación **provisional**:
  ***Estoy** de vacaciones.*
- **Ubicación** y **posición**:
  *Juan **está** de pie, **está** a la derecha de Luis.*
- El **resultado** de una **acción**:
  *La puerta **está** cerrada.*

Fíjate:
Con algunos adjetivos, es posible usar *ser* o *estar*:
*El coche **es** nuevo./El coche **está** nuevo.*
(Con el verbo *estar*, el coche en realidad no es nuevo, solo lo parece).

2.1 [7] Escucha estos tres diálogos, fíjate en las imágenes y señala de qué persona, de qué coche y de qué habitación hablan. Argumenta tu elección.

Diálogo 1 A B C

A

B

C

Diálogo 2 A B C

A

B

C

Diálogo 3 A B C

A

B

C

2.2 **Todo el grupo** Piensa en algo que usas todos los días, cómo es y dónde está en este momento. Tus compañeros te harán preguntas con *ser* y *estar* hasta adivinar de qué se trata.

Practica en contexto

1 Muy pronto es el cumpleaños de tu profesor/a de español y, con tus compañeros, vas a organizarle una fiesta sorpresa. Lee antes este texto con ideas para la fiesta.

Una fiesta sorpresa siempre es una buena idea cuando queremos demostrarle a alguien que es especial para nosotros, pero es necesario organizarla muy bien para sorprender al protagonista de la celebración y a los invitados.

¿Qué tipo de fiesta?

Una fiesta temática siempre resulta mucho más divertida y original. Solo hay que elegir bien un tema relacionado con la persona a quien está dedicada la fiesta. Por ejemplo, si se trata de una profesora de Historia, todos los invitados pueden vestirse de personajes históricos y, también, es posible decorar el espacio donde pensamos celebrarla con motivos históricos.

¿Cómo decoramos la fiesta?

Podemos decorar el espacio de la fiesta con muchas cosas: globos, guirnaldas, etc. Una buena idea es coger fotografías del protagonista, de diferentes momentos de su vida, y formar con ellas su nombre o, si se trata de un cumpleaños, su edad. También se puede formar el nombre o la edad con globos o banderines.

¿Hacemos un *photocall*?

También puede ser muy divertido montar un pequeño *photocall* en un rincón y hacer en él fotografías a todos los invitados con el protagonista de la fiesta o levantar un pequeño escenario desde donde los invitados pueden dedicar palabras al homenajeado e, incluso, dedicarle alguna canción o montar un karaoke.

Expresar la opinión

- **Para mí...**
  Para mí, este plato es mejor que el que cenamos ayer.
- **Creo, pienso + que**
  ***Creo que** es una buena idea.*
  ***Pienso que** los globos son más bonitos que las guirnaldas.*
- ***Me parece*** + *que*/adjetivo/adverbio de valoración
  ***Me parece que** han suspendido las clases.*
  ***Me parece bien** lo que dices.*

Fíjate:
- ***Parecer*** se construye como el verbo ***gustar***:
  Me parecen bonitas tus fotos.
- Recuerda que ***pensar*** es irregular, cambia la ***e*** del infinitivo por ***ie***: *p**ie**nso, p**ie**nsas, p**ie**nsa, pensamos, pensáis, p**ie**nsan.*

1.1 **En parejas** Primero, vas a discutir con tu compañero/a tus preferencias. Compara las distintas opciones y decide con él/ella cómo quieres la fiesta. Fíjate en el ejemplo.

¿Tema de la fiesta?
¿Decoración con fotos, globos...?
¿*Photocall* o escenario?
¿Tapas o cena?
¿Música personal o festiva?
¿Regalo colectivo o individual?

Yo creo que un escenario es mucho más divertido que un *photocall* y que tomar tapas está tan bien como...

1.2 **En parejas** Escribe tus propuestas para la fiesta argumentándolas. Añade al menos una idea nueva que no esté en el texto que has leído antes.

....
....
....
....

¿Tapas o cena?

Debemos decidir si queremos hacer una fiesta con tapas y sándwiches y los invitados de pie, o si preferimos hacer una cena, con una gran mesa y los invitados sentados en sus sillas.

¿Qué música?

Otro aspecto importante en cualquier fiesta es la música: ¿elegimos un tipo de música que guste especialmente a la persona festejada o simplemente música festiva para crear un ambiente alegre y hacer bailar a la gente?

¿Qué regalo?

Y, por último, no hay que olvidar el regalo. ¿Queremos hacer un gran regalo colectivo entre todos los invitados o preferimos hacer pequeños regalos individuales?

1.3 **Todo el grupo** Presenta al resto de la clase tus propuestas y opina y reacciona expresando acuerdo o desacuerdo con las de tus compañeros.

1.4 **Todo el grupo** Después de discutirlo con la clase, ¿cuál va a ser el tema de la fiesta?

1.5 **Todo el grupo** Teniendo en cuenta el tema de la fiesta, señala las demás opciones elegidas.

- ☐ decoración con fotos .... ☐ con globos
- ☐ *photocall* .... ☐ escenario
- ☐ regalo colectivo .... ☐ individual
- ☐ cena .... ☐ tapas
- ☐ música festiva .... ☐ personal

1.6 **Todo el grupo** Vamos a empezar a organizar algunas cosas. Por ejemplo, ¿qué comidas y bebidas va a haber? ¿Y qué regalo o regalos va a recibir el/la profesor/a?

Hacer propuestas o sugerir planes

- Vamos a...
  Vamos a hacer la fiesta con muchos globos.
- ¿Por qué no...?
  ¿Por qué no hacemos un regalo colectivo?
- ¿Qué tal si...?
  ¿Qué tal si ponemos tapas variadas?
- Lo mejor es..., ¿estás de acuerdo conmigo?
  Lo mejor es** contratar un cáterin, **¿estás de acuerdo conmigo?

Expresar acuerdo

- Vale/Buena idea/Estoy de acuerdo. Yo también creo...
  ***Vale. Nosotros también creemos** que los globos son muy bonitos y decoran mucho.*
- Para mí también/tampoco...
  ***Para mí también** las tapas son la mejor opción. Sale más barato.*

Expresar desacuerdo

- (Pues) (Yo) No estoy de acuerdo contigo/con vosotros/con...
- Cuando se expresa desacuerdo con una propuesta o sugerencia, es frecuente dar una alternativa:
  *Yo no estoy de acuerdo con vosotros. **Es mejor** llevar unos sándwiches hechos de casa.*

2 Imagina que estos son algunos de los invitados a la fiesta. Primero, lee las fichas con su información personal y complétalas con *ser* o *estar*.

Lara

[1] .... estudiante de Veterinaria, también [2] .... vegetariana y animalista. No [3] .... de acuerdo con las corridas de toros. A Lara le molesta la gente que usa el móvil cuando [4] .... con alguien. Lara [5] .... muy poco habladora.

Serge

[1] .... profesor de tenis y [2] .... estudiando chino en la universidad. [3] .... el más joven de todos. Serge [4] .... simpático, hablador y divertido. Le encantan las películas de terror, los animales y chatear con los amigos. [5] .... adicto al móvil.

Joseph

[1] .... hermano de Susan. [2] .... músico, tiene un grupo de rap. Además de curioso, Joseph [3] .... un chico muy nervioso y bromista, también [4] .... amante de los animales y del fútbol.

Eva

[1] .... estudiante de Arquitectura. Le interesan el arte, la música clásica y la literatura. Eva [2] .... una chica sociable y divertida, le gusta [3] .... en casa con los amigos y ver películas en la tele, sobre todo si [4] .... de terror.

2.1 **Todo el grupo** Comprueba con tus compañeros tus respuestas y, si es necesario, corrígelas.

2.2 **En parejas** Decide cuál es la mejor colocación de los invitados en esta mesa. Pon atención a sus afinidades y diferencias.

Contrargumentar o puntualizar

- **Sí, (es verdad,) pero...**
  - ▶ *Es una novela muy interesante.*
  - ▷ ***Sí, (es verdad,) pero** demasiado larga.*
- **Sí, (estoy de acuerdo,) pero...**
  - ▶ *Es un coche muy caro.*
  - ▷ ***Sí, (estoy de acuerdo,) pero** es más seguro que la mayoría.*

2.3 **Todo el grupo** Cuenta al resto de la clase cómo has ordenado a los invitados. Explica detalladamente tus razones.

Edgar está en la silla 1, entre Joseph y Eva. Creo que Joseph y Edgar están bien juntos porque a los dos les gustan los animales y el rap.

Susan

[1] .... hermana de Joseph. Hoy [2] .... enfadada con él porque [3] .... demasiado curioso y siempre lee su diario cuando ella no [4] .... en casa. Susan [5] .... muy habladora y [6] .... muy interesada en los deportes, sobre todo en el tenis y en el fútbol. Le encanta salir de fiesta y bailar.

Edgar

[1] .... fotógrafo y [2] .... de vacaciones en la ciudad. Edgar [3] .... tímido y poco hablador. Edgar [4] .... muy interesado en Eva. Para él, Eva [5] .... una chica muy interesante y simpática. A Edgar le gustan los animales y también el rap.

Kamal

[1] .... indio, [2] .... el novio de Silvia. Hoy [3] .... contento porque tiene entradas para ir a un concierto. [4] .... muy aficionado a la música clásica, también le gusta leer. No le gusta nada el fútbol ni tampoco salir a bailar.

Silvia

[1] .... la novia de Kamal. Ella [2] .... de un pueblo de Inglaterra. [3] .... una chica muy tranquila y seria, no le gustan nada las bromas. Silvia [4] .... pianista. Le encanta el fútbol y también le gustan las películas de terror.

2.4 **Todo el grupo** ¿Has coincidido en muchas posiciones con tus compañeros? Y tú, ¿entre qué dos invitados preferirías estar? ¿Por qué?

2.5 **En parejas** Lee las felicitaciones que han escrito estos invitados y corrige los errores. Recuerda que son estudiantes de español y que se trata de una fiesta de cumpleaños.

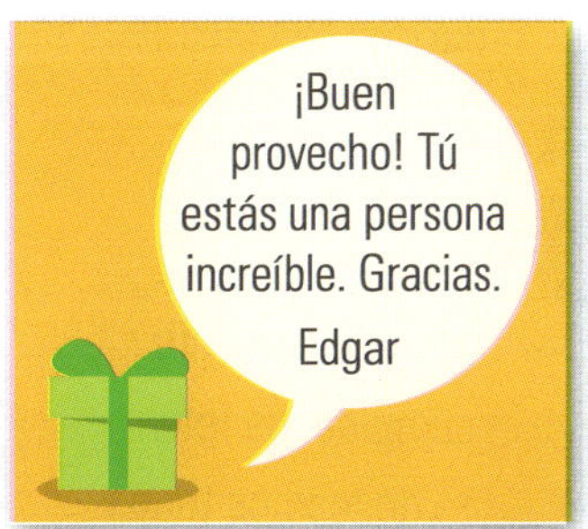

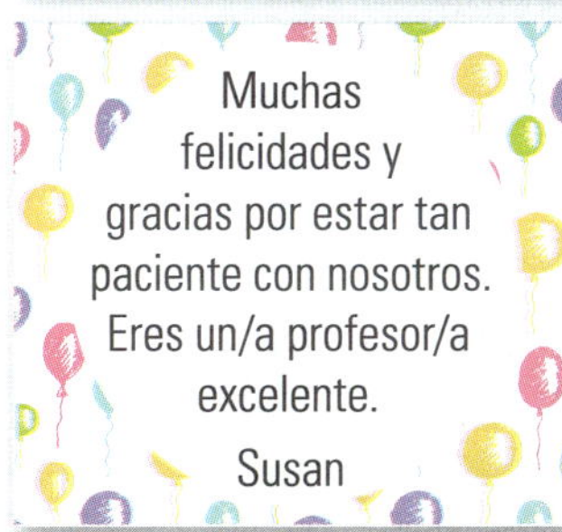

2.6 **Todo el grupo** Por último, diseñad una gran tarjeta de felicitación para vuestro/a profesor/a. Las felicitaciones de la actividad anterior os pueden servir de modelo.

Feliz CUMPLEAÑOS

1 [8] Escucha la canción *Cumpleaños feliz* en distintos países hispanos. ¿Cómo es la canción en tu país? ¿Puedes cantarla?

Argentina

Que los cumplas feliz,
que los cumplas feliz,
que los cumplas, Roberto,
que los cumplas feliz.

España

Cumpleaños feliz,
cumpleaños feliz,
te deseamos todos
cumpleaños feliz.

México

Feliz cumpleaños a ti,
feliz cumpleaños a ti,
feliz cumpleaños,
querida Rosita,
feliz cumpleaños a ti.

2 ¿Sabes que el día que una persona cumple los años…

... en México la despiertan con la canción popular **Las mañanitas** y, en la fiesta, nunca falta la piñata?

... en España y Argentina le **tiran de las orejas** tantas veces como años cumple?

... en Puerto Rico, en cambio, **le tocan el brazo** el mismo número de veces?

... en Chile **la mantean**, es decir, la cogen de brazos y piernas y la levantan tantas veces como años cumple?

... en República Dominicana **le echan agua** encima para felicitarla?

... en Paraguay le llenan la cabeza de **harina y huevo** y le dan palmadas en la espalda?

2.1 **Todo el grupo** ¿Hay alguna tradición especial en tu país con relación a la fiesta de cumpleaños?

Los quince

3 Lee este artículo sobre una fiesta especial típica de los países hispanoamericanos.

En todos los países de Hispanoamérica, con excepción de Chile, se celebra la fiesta de los quince años, también llamada de los quince o de las quinceañeras.

Esta fiesta tiene lugar cuando una muchacha cumple quince años y es presentada en sociedad ya como una joven mujer. Se celebra, en definitiva, el paso de la infancia a la juventud de las chicas.

Es una fiesta a la que normalmente asisten decenas de invitados. Comienza cuando la quinceañera llega e inaugura el baile con un vals de la mano de su padre. Tras el baile, tiene lugar la cena y, a continuación, otro gran baile, que termina con la entrega de regalos.

Hay pequeñas variantes de un país a otro, pero en todos juegan un papel importante el baile, con música elegida por la festejada, y el llamativo vestido de princesa que viste la quinceañera.

En Bolivia el vestido suele ser blanco y en Ecuador, rosa, mientras que en México y en el Caribe son de diferentes colores, pero predominan los tonos pastel.

Últimamente se está poniendo de moda celebrar una fiesta de los quince también para los chicos. Vestidos de gala, bailan al son de su música favorita, reciben regalos y se organiza una gran fiesta.

3.1 **Todo el grupo** ¿Conoces alguna otra fiesta donde se celebre el paso de la infancia a la juventud? ¿De dónde es? ¿En qué consiste?

3.2 **Todo el grupo** Busca en internet información acerca del origen de la fiesta de los quince y compártela con tus compañeros.

Vídeo

HOSTAL Babel

Lo importante es la tarta

Antes del vídeo

1 **Todo el grupo** Fíjate en la imagen. Los inquilinos del hostal Babel están organizando una fiesta sorpresa. ¿Para quién crees que será? Justifica tu respuesta.

1.1 **En parejas** ¿Cuáles de estas cosas crees que necesitarán para la fiesta?

- [ ] guirnaldas
- [ ] globos
- [ ] tarta
- [ ] infusión
- [ ] ajo
- [ ] sándwiches
- [ ] cebolla
- [ ] platos desechables
- [ ] zanahoria
- [ ] refrescos

Durante el vídeo

2 ¿Por qué le hacen una fiesta? Señala uno de los tres motivos y luego visiona el fragmento 00:30 ▶ 00:56 para comprobar esta respuesta y la de la actividad 1.

1. [ ] Porque se va a casar.
2. [ ] Por su cumpleaños.
3. [ ] Porque va a ser madre.

3 Cada personaje se va a encargar de comprar algo distinto para la fiesta. ¿Qué crees que comprará cada uno? Relaciona cada imagen con uno de estos personajes: Tere, Leo, Carla o Hugo.

1 ....

2 ....

3 ....

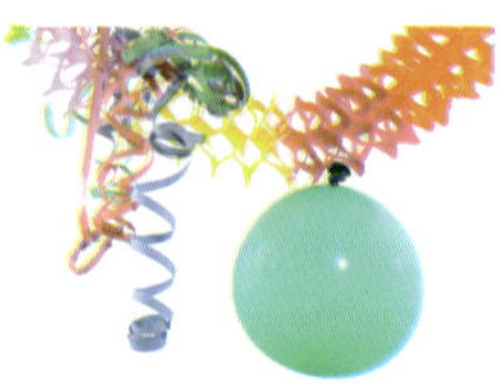

4 ....

5 ....

6 ....

4 Visiona ahora el fragmento 00:57 ▶ 03:50 y comprueba si has acertado.

5 **Todo el grupo** Visiona el último fragmento 03:27 ▶ final y escribe por qué Leo le dice a Hugo que va a ser la alegría de la fiesta y en qué tono se lo dice. Luego compara con tus compañeros. ¿Estáis de acuerdo?

....

....

Después del vídeo

6 **En parejas** Fíjate en la imagen: Hugo y Leo usan palabras diferentes para referirse a esta misma bebida. ¿Qué palabra usa cada uno y por qué lo dicen de distinta manera?

Hugo: ....

Leo: ....

7 En muchas culturas, cuando dos conocidos hablan, no existe ningún tipo de contacto físico, pues se considera poco respetuoso o agresivo. ¿Piensas que es así en la cultura hispana?

7.1 Visiona de nuevo la secuencia 01:55 ▶ 02:05. ¿En tu cultura los gestos de Hugo y de Leo son normales entre amigos o pueden parecer inapropiados?

8 Leo hace dos veces este gesto con el dedo (en 01:39 y 03:37). ¿Crees que en los dos casos expresa lo mismo? Explícalo.

9 Al comienzo del vídeo, Hugo pregunta la edad de Bea y Tere le responde diciendo que eso no se pregunta (fragmento 01:08 ▶ 01:21). En España, es de mala educación preguntar la edad a las personas, sobre todo a partir de los 40 años. ¿En tu país es igual?

10 ¿Alguna vez te han hecho una fiesta sorpresa o has participado en una? ¿Cómo fue? Cuéntaselo a tus compañeros.

Evaluación

1 Completa las palabras con las vocales que faltan.

1 Q.... .... S....

2 C.... B.... LL....

3 M.... NZ.... N....

4 L.... CH.... G....

5 H.... L.... D....

6 ....RR.... Z

7 Z.... N.... H.... R.... ....

8 P.... N

2 Relaciona el nombre de cada utensilio con su significado.

1. plato
2. taza
3. tenedor
4. cuchillo
5. botella
6. vaso
7. copa
8. servilleta
9. cuchara

a. Solemos usarla para tomar café o té.
b. Es donde servimos las bebidas como el agua.
c. Puede ser de tela o de papel y la usamos para limpiarnos cuando comemos.
d. Normalmente es redondo y lo usamos para servir los alimentos.
e. Es un recipiente que sirve para contener líquidos y bebidas.
f. En este objeto se sirven bebidas como el vino o el champán y también algunos helados.
g. La usamos para tomar alimentos líquidos y llevarlos a la boca.
h. Instrumento que utilizamos para comer alimentos sólidos sin tocarlos con las manos.
i. Objeto que empleamos para cortar alimentos como la carne o la fruta.

3 ¿Qué solemos decir en español cuando queremos expresar un buen deseo en estas situaciones?

1. A alguien que está comiendo. ....
2. A alguien que se casa. ....
3. En Navidad. ....
4. A alguien que se va de viaje. ....
5. A alguien que va a hacer un examen. ....
6. A alguien que se va de vacaciones. ....

4 Escucha los diálogos y completa con ejemplos.

[9]

Formas usadas para...	Ejemplos
expresar la opinión	
hacer propuestas y sugerir planes	
expresar acuerdo	
expresar desacuerdo	
contrargumentar o puntualizar	

5 **Observa la imagen y escribe una redacción respondiendo a las preguntas que tienes a continuación.**

- ¿Cómo es el salón?
- ¿Qué cosas hay en él?
- ¿Cómo son?
- ¿Dónde están?
- ¿Quiénes son las personas?
- ¿Cómo son?
- ¿Dónde están?
- ¿Cómo están?

6 **Haz comparaciones usando *ser* o *estar* con los adjetivos propuestos. Fíjate en el ejemplo.**

Ejemplo: *rubio/a* › *La niña es **más** rubia **que** el niño.*

1

joven (−) ....

2

enfermo/a (=) ....

3

grande (+) ....

4

moderno/a (−) ....

5

enfadado/a (+) ....

6

sucio/a (−) ....

7

bueno/a (+) ....

8

abierto/a (−) ....

9

cansado/a (=) ....

7 **Marca si estas informaciones son verdaderas o falsas.**

1. En Argentina le tiran de las orejas al que cumple años. .... V F
2. En México mantean al cumpleañero. .... V F
3. En Puerto Rico despiertan al cumpleañero cantando *Las mañanitas*. .... V F
4. En Chile no se celebra la fiesta de los quince. .... V F
5. La fiesta de los quince empieza siempre con un vals. .... V F
6. La quinceañera asiste a la fiesta vestida de novia. .... V F

Unidad

3

Piensa en tu último viaje…

¿Adónde fuiste?

¿Cuánto tiempo?

¿Qué tipo de viaje fue?

Viajes con encanto

En esta unidad vas a. . .

- Narrar acciones terminadas sin relación con el momento presente
- Describir la preparación y las acciones realizadas durante un viaje
- Aprender léxico relacionado con los viajes
- Conocer la historia de los moáis

¿Qué sabes?

1 **En parejas** ¿Sabes cómo se llaman estos objetos en español? Escribe su nombre y cuéntale a tu compañero/a cuáles están relacionados con tu último viaje.

2 **En parejas** Estos son algunos marcadores temporales que sirven para situar las acciones temporalmente. Ordénalos en una línea de tiempo.

hoy | ayer | mañana | el mes pasado | anoche
el año pasado | anteayer | la próxima semana

hoy

PASADO	PRESENTE	FUTURO

RAE

LÉXICO

Español de América › antier:

Salí de Londres hace tres semanas. ***Antier*** *tocamos La Habana y hoy llegamos por fin al puerto de Campeche, lugar tan remoto y exótico para mí.*

2.1 **Todo el grupo** ¿Conoces otros marcadores temporales de pasado? Añádelos a la línea de tiempo anterior.

3 **En grupos pequeños** Observa estas imágenes y las frases que las acompañan. ¿Cuáles te recuerdan a tus últimos viajes? ¿Qué hiciste? ¿Cuándo?

Viajé a una gran ciudad.

Viajé en coche.

Visité un museo.

Hablé otro idioma.

Fui a esquiar.

Paseé por el campo.

Tomé el sol en la playa.

Fui a un concierto.

Probé la comida típica.

Hice escalada/montañismo.

Palabras

1 **En parejas** Relaciona las siguientes palabras con su imagen correspondiente. ¿Con qué parte de un viaje las relacionas?

hotel | albergue | guía de viaje
billete de avión | seguro de viaje | equipaje

1 ....

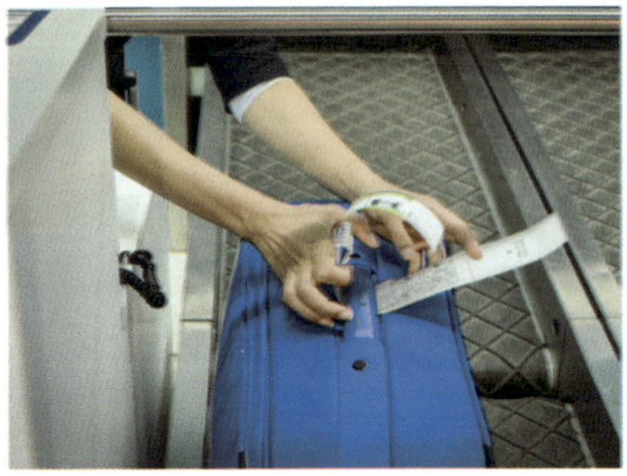

2 ....

3 ....

4 ....

5 ....

6 ....

RAE

LÉXICO

Español de España › reservar:
*Han **reservado** habitación en el hotel Duchessa Isabella.*
Español de América › (hacer una) reservación:
*Ella se va a encargar de las **reservaciones** en los hoteles, del contrato de alquiler, del seguro, todo a nombre tuyo y de Bini.*

1.1 **En parejas** Relaciona las dos columnas.

1. Reservar	a. información.
2. Sacar	b. el seguro de viaje.
3. Consultar	c. el billete de avión.
4. Buscar	d. el equipaje.
5. Contratar	e. hotel/albergue.
6. Facturar	f. la guía de viaje.

- **Pensión completa (PC)** › Alojamiento con el desayuno y las dos comidas principales incluidas (comida y cena).
- **Media pensión (MP)** › Alojamiento que incluye el desayuno y una de las comidas principales (comida o cena).
- **Todo incluido (TI)** › Alojamiento y comida y bebida sin límite.

1.2 [10] A continuación tres personas van a hablar de la preparación de su último viaje. Escucha con atención y marca la opción correcta.

	1	2	3
a. Hotel con pensión completa	☐	☐	☐
b. Hotel con media pensión	☐	☐	☐
c. Albergue	☐	☐	☐
d. Reserva con antelación	☐	☐	☐
e. Seguro de viaje	☐	☐	☐
f. Equipaje de mano	☐	☐	☐

2 **En grupos pequeños** Varios amigos están pensando en irse de viaje y han formado un grupo de WhatsApp para organizarse. Lee la conversación y escribe debajo, junto a cada verbo, las palabras o expresiones que lo acompañan.

Marta: ¡Chic@s! ¿Por qué no nos vamos en junio a los Pirineos? ¡Tengo tantas ganas de hacer excursiones por la montaña!...

Pablo: ¡Marta! La última vez ya estuvimos en la sierra. ¿Y si pasamos una semana en la playa? Allí podemos tomar el sol, bañarnos y alquilar una tabla de surf... ¡Vamos!

Ana: ¡Siempre lo mismo! Para vosotros solo existe campo o playa. Yo pensé en ir a alguna ciudad de Europa, como París o Ámsterdam, recorrer la ciudad a pie y visitar museos y exposiciones. ¿Qué os parece?

Rafa: Ana, la ciudad la recorremos en autobús. Ya sabes que yo me canso enseguida.

Pablo: Vale, Ana. ¡Tú ganas! ¿Reservamos el billete de avión? Vamos en avión, ¿verdad?

Marta: De acuerdo, Ana. Yo prefiero ir a París, no la conozco. ¿Vamos en tren mejor? ¡Venga, chic@s! Así podemos contemplar el paisaje.

Rafa: ¡Marta y la naturaleza! Vale, vale... ¡Vamos a París! ¿Cuántos días nos quedamos? ¿Cinco? ¡Más días no, por favor!

Ana: ¡Nos vamos a París! ¡Qué alegría! Busco hotel por internet y hago la reserva, ¿o preferís alojaros en un albergue?

- Pasar: ....
- Visitar: ....
- Reservar: ....
- Ir(se): ....
- Contemplar: ....
- Alquilar: ....
- Recorrer: ....
- Buscar: ....
- Alojarse: ....
- Hacer: ....

2.1 **En grupos pequeños** Piensa en otras palabras o expresiones relacionadas con los viajes que puedan ir acompañadas de los verbos anteriores y añádelas a la lista.

Ejemplo: *Reservar: mesa en un restaurante/ Alojarse: en un hotel...*

2.2 **Todo el grupo** ¿Qué tipo de viaje realiza el grupo de amigos de la actividad 2? ¿Qué imagen de las siguientes lo representa mejor? ¿Qué otro tipo de viajes se pueden hacer?

1

2

3

4

Gramática

Fíjate:
Las terminaciones del pretérito indefinido para los verbos en *-er* y en *-ir* son iguales.

Fíjate:
Muchas veces, la tilde es la única marca que permite diferenciar formas verbales:
viajo (presente de indicativo, *yo*)
viajó (pretérito indefinido, *él, ella, usted*)

1 Pretérito indefinido regular

- El **pretérito indefinido** es un tiempo verbal de **pasado**. Las formas regulares tienen las siguientes terminaciones:

	Viajar	Comer	Vivir
yo	viajé	comí	viví
tú	viajaste	comiste	viviste
él, ella, usted	viajó	comió	vivió
nosotros/as	viajamos	comimos	vivimos
vosotros/as	viajasteis	comisteis	vivisteis
ellos, ellas, ustedes	viajaron	comieron	vivieron

- La persona ***nosotros/as*** en los verbos en *-ar* e *-ir* coincide con el presente de indicativo:

  *Siempre **viajamos** en avión, pero el año pasado **viajamos** en tren a Barcelona.*

  *De pequeños **vivimos** en Sevilla durante unos años, pero ahora **vivimos** en Madrid.*

1.1 Escribe el pretérito indefinido de estas formas de presente.

1. llamo ....
2. abres ....
3. baila ....
4. invitamos ....
5. viven ....
6. rompes ....
7. estudiáis ....
8. escribes ....
9. saludáis ....
10. bebemos ....
11. canto ....
12. salimos ....

2 Pretérito indefinido irregular

- Algunos de los verbos más comunes son irregulares en pretérito indefinido:

	Ser/Ir	Tener	Hacer	Estar	Dar
yo	**fui**	**tuve**	**hice**	**estuve**	**di**
tú	**fuiste**	**tuviste**	**hiciste**	**estuviste**	**diste**
él, ella, usted	**fue**	**tuvo**	**hizo**	**estuvo**	**dio**
nosotros/as	**fuimos**	**tuvimos**	**hicimos**	**estuvimos**	**dimos**
vosotros/as	**fuisteis**	**tuvisteis**	**hicisteis**	**estuvisteis**	**disteis**
ellos, ellas, ustedes	**fueron**	**tuvieron**	**hicieron**	**estuvieron**	**dieron**

- Los verbos ***ser*** e ***ir*** comparten la misma forma en el pretérito indefinido:

  *Mi abuelo **fue** un médico muy conocido./El año pasado Ana **fue** a Egipto.*

2.1 **En parejas** Observa las fotografías y escribe frases usando las formas irregulares de los verbos anteriores.

1

El niño ....

2

Miguel ....

3

Ana y yo ....

4

Mis amigos ....

3 Uso del pretérito indefinido

- El pretérito indefinido expresa **acciones terminadas** que se desarrollan en un **tiempo pasado** que no tiene relación con el presente:

  *Mis padres **se conocieron** en Argentina en 1970.*

  *El año pasado **viajé** por toda Europa durante dos meses.*

- Algunos **marcadores temporales** frecuentes que se usan con el pretérito indefinido son *anoche, ayer, anteayer, el otro día, la semana pasada, el mes/año pasado…*:

  ***Ayer** cené en un restaurante japonés.*

  ***El otro día** estuve con Ana en una fiesta.*

> ***El otro día*** se refiere a un momento indeterminado del pasado cercano o reciente. Se usa cuando no es importante situar de manera exacta en el tiempo una acción pasada.

3.1 [11] La semana pasada fue muy intensa para Luis. Observa las fotos, utiliza tu imaginación y escribe qué hizo cada día. Luego escucha el audio, comprueba tus respuestas y corrígelas en caso necesario.

1. El lunes pasado ....
2. El martes ....
3. El miércoles ....
4. El jueves ....
5. El viernes ....
6. El sábado ....
7. El domingo ....

3.2 **En parejas** ¿Qué hizo tu compañero/a la semana pasada? Pregúntale y toma notas.

Ejemplo: ▶ *¿Qué hiciste el lunes?*

▷ *El lunes por la mañana me levanté temprano y fui a clase…*

Practica en contexto

1 **En parejas** ¿Qué tipo de turismo prefieres? ¿De naturaleza, urbano, cultural...? Lee este blog de viajes. Después elige un lugar y explica a tus compañeros por qué lo has elegido.

Fíjate:
En las referencias temporales usamos la palabra ***hace*** cuando la acción sucedió dos o más días, semanas, meses o años atrás:

*La semana pasada fui a Londres./**Hace** dos semanas fui a Londres.*

Noruega. Auroras boreales

Hace un año realicé un viaje a Noruega. Por primera vez visité el círculo polar ártico. Harstad, un pequeño pueblo pesquero situado 250 kilómetros al norte del círculo polar, se convirtió en el escenario de mi primer encuentro con las auroras boreales. Me alojé en un iglú a los pies de un precioso fiordo. Cenando, casi sin darme cuenta, el cielo empezó a teñirse de verde e incontables auroras, una tras otra, empezaron a bailar sobre mi cabeza. Aquella noche pude darme cuenta de lo afortunada que fui por poder viajar allí.

España, mi país

El año pasado decidí, después de muchos años viajando por Europa, descubrir mi propio país, España. Viajé por ciudades de gran importancia turística como Toledo, Córdoba o Barcelona. Paseé por rincones de capitales de provincia menos conocidas, pero que resultaron ser muy bellas: Zaragoza, Murcia, Zamora, Valladolid, Jaén, Cuenca... Además, tuve la oportunidad de conocer algunas joyas monumentales y culturales: la basílica de Covadonga o el Monasterio de Piedra. Fue emocionante empezar a conocer mi propio país.

Jordania. Una maravilla del mundo

El año pasado para nosotros fue un año viajero difícil de olvidar. El lugar más increíble que visitamos fue Jordania. Primero estuvimos en Jerash, la Roma de Jordania, que es una ciudad llena de historia. Después fuimos a Wadi Rum, el desierto rojo, ¡fue una aventura inolvidable! Un recuerdo fascinante es el baño que nos dimos en el mar Muerto. También visitamos Amán, la capital, y Petra, la gran ciudad de Petra, una de las siete maravillas del mundo, un lugar que nos emocionó.

2 **Todo el grupo** Javier y Marta hablan de su mejor viaje. Mira las fotos; ¿sabes dónde estuvo cada uno?

2.1 [12] Escucha cómo explican su viaje y completa la ficha según la información.

	Javier	Marta
1. Destino		
2. Duración		
3. Lugares visitados		
4. Características de los lugares		
5. Características de los habitantes y costumbres		
6. Las mejores impresiones o recuerdos		

Señalar el comienzo y el final de una acción

- Para señalar el comienzo o inicio de una acción se utiliza ***empezar*** + ***a*** + infinitivo:
  Empecé a trabajar en la empresa en septiembre del año 2015.
- Para indicar el principio de un recorrido o el momento en el que comienza algo, se utiliza ***desde***:
  *Estoy aquí **desde** noviembre del año pasado.*
  ***Desde** casa tardo cinco minutos en llegar al trabajo.*
- Para indicar el final de un recorrido o el momento en el que termina algo, se utiliza ***hasta***:
  *Desde Madrid **hasta** Barcelona hay más de 600 kilómetros de distancia.*
  *Me quedo en España **hasta** final del verano.*

3 **En parejas** Ahora explica a tu compañero/a cuál fue tu mejor viaje.

Ejemplo: *Mi mejor viaje fue a Chile. Empecé a prepararlo seis meses antes y estuve allí dos meses, desde junio hasta agosto...*

3.1 Ahora escribe en tu cuaderno una entrada de blog explicando tu viaje.

Puedes ayudar a tu compañero/a haciéndole preguntas:

¿Cómo organizaste el viaje?
¿Dónde buscaste información?
¿Cuándo empezaste a prepararlo?
¿Por qué elegiste ese destino?
¿Cuánto tiempo estuviste de viaje?
¿Qué medios de transporte utilizaste?
¿Qué ciudades o lugares visitaste?
¿Cuál es el mejor recuerdo?

4 **Todo el grupo** ¿Sabes qué es el *turismo creativo*? Lee el siguiente texto y responde a las preguntas.

El turismo creativo consiste en viajar con el fin de aprender y desarrollar el potencial creativo en el entorno de la cultura del lugar que se visita.
El turista creativo necesita interactuar con la población local y vivir experiencias propias de sus habitantes, realizando actividades que permiten descubrir las costumbres, la gastronomía, los hábitos, etc., del destino elegido, y compartirlas con sus habitantes.

1. ¿Tú eres un turista creativo? ¿Por qué?
2. ¿Aprender la lengua del país que se visita es hacer turismo creativo? ¿Por qué?

RAE

COMUNICACIÓN

En el español de América (Bolivia, Chile, Ecuador, México, Nicaragua, Paraguay, Perú y Uruguay) la palabra **onda** se usa en diferentes expresiones coloquiales muy modernas que se han extendido mucho entre los jóvenes, aunque también los mayores están comenzando a usarlas. Estas son las más usuales:

› la onda es… *(lo importante es)*:
La onda es ser feliz.

› ¿Qué onda? *(Hola, ¿cómo estás?; ¿Qué haces?; ¿Qué pasa?)*:
¿Y qué onda, por qué no estás jugando?

› tener alguien buena/mala onda ('tener una actitud positiva/negativa, ser una persona que se lleva bien/mal con otras personas'): *Bueno… siempre **tuvimos buena onda** vos y yo.*

› ¡Qué onda (tienes/tenés)! (Referido a la ropa moderna que lleva una persona): *Vos siempre a la última moda. **¡Qué onda tenés!***

Español de España › estar en la onda ('estar al corriente de las últimas tendencias'): *Viste a la última y **está en la onda** de todos los asuntos políticos.*

4.1 **En parejas** Daniel es un turista creativo. Aquí explica cómo descubrió esta forma de turismo. Lee el texto y escribe los verbos en la forma adecuada del pretérito indefinido.

Casa Batlló

Un día me [1] .... (decir) a mí mismo: yo quiero hacer un viaje diferente, sin límites de tiempo. Y [2] .... (ser) lo más grande que me he planteado en 31 años. [3] .... (Decidir) dejar mi trabajo temporalmente para vivir la vida y conocer el mundo, en contra de la opinión de mis familiares. Pero, como me [4] .... (decir) un buen amigo argentino, "Aquí la onda es ser feliz".

[5] .... (Irse) a Barcelona. [6] .... (Visitar) la ciudad y [7] .... (interesarse) por la arquitectura modernista. Así que [8] .... (apuntarse) a un curso sobre el modernismo y [9] .... (quedarse) un tiempo. [10] .... (Alquilar) una habitación en casa de una familia y [11] .... (compartir) unos meses de mi vida con ellos. [12] .... (Aprender) mucho sobre el modernismo, pero también sobre el modo de vida de la cultura mediterránea. Entonces [13] .... (descubrir) lo que es el turismo creativo y desde aquel momento siempre acumulo vacaciones para vivir experiencias similares en otros países.

Fíjate:

- *Ir* es 'moverse de un lugar a otro, desplazarse a un lugar':
  ***Voy a** casa en coche.*
  ***Fui a** Argentina el año pasado.*
- *Irse* es 'abandonar un lugar':
  ***Me fui de** la fiesta a las once.*

4.2 **En grupos pequeños** Elabora un listado de actividades para hacer en un viaje creativo. Después coméntalo con tus compañeros. ¿Cuáles son las más originales? ¿Hiciste alguna en tus viajes?

5 Lee la anécdota que cuenta Rosa de su viaje a Guanajuato. Ordena los párrafos y compara los resultados con tu compañero/a.

- [ ] Pues bien, desde nuestro viaje a Guanajuato no se han vuelto a quejar y es porque en ese viaje alquilamos un coche para poder visitar la ciudad, ya que nuestro hotel estaba lejos del centro.
- [ ] Después de visitar la ciudad, muy cansados, regresamos a buscar el coche para volver al hotel. No fue fácil...
- [ ] En un momento de desesperación, me senté en una acera y me puse a repasar las fotografías que hice ese día. Se me ocurrió ir hacia atrás para así recorrer fotográficamente el camino que hicimos y por fin encontré una foto con el nombre de la calle.
- [ ] Evidentemente mi familia no se volvió a quejar de mi afición por la fotografía y ahora estoy obligada a hacer una foto siempre que aparcamos.
- [ ] Estuvimos más de una hora dando vueltas para encontrarlo, ya que todas las calles nos parecían iguales. ¿Y cómo lo encontramos?
- [ ] Cuando llegamos, mi padre buscó aparcamiento y al final, después de media hora, dejamos el coche en un callejón muy cerca del teatro Juárez y todos salimos del coche.
- [ ] Jamás olvidaré mi viaje de hace seis años a Guanajuato, México. Nadie de mi familia quería ir de viaje conmigo porque me gusta hacer muchas fotos y les hago parar cada cinco minutos.

5.1 [13] Escucha y comprueba tu respuesta anterior.

5.2 **En parejas** Lee la anécdota de Rosa. Tu compañero/a debe reaccionar adecuadamente.

5.3 **En parejas** Explícale una anécdota a tu compañero/a y reacciona a la suya con gestos y palabras.

Reaccionar en una conversación

Para mantener una conversación es importante reaccionar ante lo que los otros nos dicen y mostrar empatía. Estas son algunas de las frases más comunes:

- Mostrar **alegría:**
  - ¡Qué bien/suerte/buena noticia!
- Mostrar **fastidio o pena**:
  - ¡Qué pena/horror/lástima!
  - ¡Vaya, hombre!
- Mostrar **alivio**:
  - ¡Menos mal!
  - ¡Qué alivio/descanso!
- Mostrar **sorpresa**:
  - ¡No me digas!
  - ¿De verdad?
  - ¿En serio?

Cuenta la leyenda...

1 **En grupos pequeños** ¿Sabes cómo se llaman y dónde se encuentran estas gigantescas estatuas?

1.1 **En parejas** Lee su historia, comprueba tus respuestas anteriores y completa la ficha. Luego compara la información con tu compañero/a.

Los moáis, las gigantescas estatuas de la isla de Pascua, isla de Chile situada en el triángulo de la Polinesia, son la expresión más importante del arte escultórico de la etnia rapanuí.

El nombre completo de sus estatuas en su idioma local es *moai aringa ora*, que significa 'rostro vivo de los ancestros'. Los rapanuís construyeron estos gigantes de piedra para representar a sus antepasados importantes con el fin de que, después de muertos, extendieran su *mana* o poder espiritual sobre la tribu para protegerla.

La altura media de los moáis es de unos 4.5 metros, la mayoría pesa aproximadamente 5 toneladas y hay de 30 a 40 estatuas que pesan más de 10. Varios estudios han contabilizado 58 moáis con un extraño sombrero de color rojo sobre la cabeza. Esos sombreros reciben el nombre de *pukao*, tienen forma cilíndrica y están hechos de escoria roja (material de origen volcánico) procedente de la cantera del volcán Puna Pau. Se cree que representan el pelo recogido en un moño y teñido de ocre, tal como era la costumbre polinésica y que aún puede observarse.

Se han registrado unos 900 moáis en la isla de Pascua. De estos, unos 400 se encuentran en la cantera del volcán Rano Raraku, 288 asociados a los *ahu* (plataforma ceremonial) y el resto dispersos en distintos puntos de la isla.

Adaptado de https://imaginaisladepascua.com/la-isla-de-pascua/cultura-rapa-nui/moais/

1. Nombre de la etnia que construyó los moáis.
   ....
2. Nombre completo de las estatuas en su idioma local y su significado.
   ....
3. ¿Qué es el *mana*?
   ....
4. Peso y altura media de un moái.
   ....
5. ¿Cuántos moáis hay en la isla de Pascua?
   ....
6. ¿Qué es un *pukao*?
   ....
7. ¿Qué se cree que representa el *pukao*?
   ....
8. ¿En qué zona de la isla de Pascua están situados la mayor parte de los moáis?
   ....

También debes visitar:

- El jardín botánico Tau Kiani, con más de 1200 variedades de plantas, construido en madera y roca volcánica. Tiene 5000 m^2 de extensión.
- Pu o Hiro, al norte de la isla, instrumento musical tallado en una enorme piedra; una especie de trompeta que era usada en ceremonias rituales.
- El moái Ahu Huri a Urenga, situado en el interior de la isla, y que es el único que tiene dos pares de manos.
- La cima del volcán Poike. Puedes subir a pie y ver una enorme cabeza de piedra llamada Vai a Heva, que se cree fue utilizada para recoger agua de lluvia.

HOSTAL Babel

Fotos y más fotos

Antes del vídeo

1 **Todo el grupo** Hugo y Tere pasaron sus vacaciones en diferentes lugares de España. Teniendo en cuenta sus personalidades, ¿quién crees que estuvo en el norte y quién en el sur? Justifica tu respuesta.

2 **En parejas** Lee las siguientes palabras e identifícalas con uno de estos viajes.

1. Viaje al norte de España.
2. Viaje al sur de España.
3. Ambos.

☐ País Vasco | ☐ Cádiz | ☐ montaña | ☐ concierto
☐ agua fría | ☐ nieve | ☐ Sevilla | ☐ tienda de campaña
☐ rocas | ☐ mar | ☐ playa | ☐ fiesta

3 **En parejas** Con la información anterior, imagina y describe brevemente los viajes de Hugo y Tere. ¿Adónde fueron primero? ¿Qué hicieron? ¿Les gustó el viaje?

Durante el vídeo

4 Visiona el fragmento 00:30 ▶ 03:45, comprueba si tus respuestas anteriores son correctas y corrígelas en caso necesario.

5 **En parejas** Lee el diálogo del vídeo y complétalo con los siguientes verbos en pretérito indefinido. Luego visiona el fragmento 00:30 ▶ 01:48 y comprueba tu respuesta.

recorrer | nadar | tomar | subir | ser (2) | salir | secarse (2)
estar (2) | correr | hacer | bañarse | terminar | comenzar | saltar

Hugo: Y esta foto la [1] .... en la Catedral de Santiago de Compostela.
Tere: Entonces [2] .... toda la costa norte de España, ¿no?
Hugo: Entera. [3] .... en el País Vasco y [4] .... en Galicia.
Leo: ¿Y esta? ¿Dónde la [5] ....?
Hugo: En Asturias.
Leo: ¡Pero si estás en bañador! ¿En la playa?
Hugo: Sí, [6] .... en el mar y [7] .... un buen rato.
Tere: ¿En el mar? ¿En pleno invierno?
Hugo: Claro. Me gusta bañarme en el agua fría.

Leo: ¿Fría? ¡Querrás decir superfría!
Hugo: Claro, superfría. Es muy bueno para el cuerpo, ¿eh?
Leo: ¡Tú eres un poco raro!
Hugo: Ja, ja, ja... ¡Mira quién lo dice!
Tere: Seguro que no [8] .... muy agradable nadar en el mar tan frío.
Hugo: ¿Que no? Miren esta foto... [9] .... a esta roca y salté al mar. ¡[10] .... increíble!
Leo: ¿[11] .... al mar desde ahí?
Hugo: Sí, y luego [12] .... un buen rato nadando. Y cuando [13] .... del agua [14] .... un rato corriendo por la playa para que se me secara el cuerpo.
Tere: ¿[15] .... sin toalla ni nada?
Hugo: Sin toalla; solo [16] .... por la arena hasta que [17] .... completamente.

6 **Clasifica las formas verbales anteriores en la columna correspondiente.**

Formas regulares	Formas irregulares

7 **Visiona todo el episodio y responde a las siguientes preguntas.**

1. ¿Cuál fue el mayor problema que tuvo Hugo en el norte de España? Explícalo brevemente. ....
2. ¿Dónde durmió la mayoría de las noches Tere durante su viaje? ....
3. ¿Tuvieron alguna vivencia similar Hugo y Tere durante sus viajes? ¿Cuál? ....
4. ¿Dónde pasó sus vacaciones Leo? ....

Después del vídeo

8 **Después de escuchar a Hugo y a Tere, ¿cómo crees que es el norte de España? ¿Y el sur? Escribe tres características de cada lugar.**

Norte	Sur
1.	1. ....
2.	2. ....
3.	3. ....

9 **En parejas** ¿Cuál de los dos viajes te gustaría hacer? ¿Por qué?

10 **Todo el grupo** ¿Cómo son el norte y el sur de tu país? ¿Son muy diferentes? ¿A cuál de los dos lugares te gusta viajar más? ¿Por qué?

Evaluación

1 Escribe el nombre de estos objetos debajo de cada imagen.

1. ....

2. ....

3. ....

4. ....

5. ....

6. ....

2 Relaciona las dos columnas.

1. Facturar el equipaje.
2. Hotel con pensión completa.
3. Hotel con media pensión.
4. Equipaje de mano.
5. Guía de viaje.
6. Albergue.

a. Alojamiento.
b. Además del alojamiento y el desayuno, incluye una comida más: la comida del mediodía o la cena.
c. Registrar las maletas para trasladarlas en el avión.
d. Libro informativo sobre un país o ciudad.
e. Además del alojamiento, incluye todas las comidas.
f. Maleta o bolso que se puede llevar en el avión.

3 Completa la tabla con la forma adecuada del verbo en pretérito indefinido.

	Cantar	Beber	Escribir	Ser/Ir	Dar	Tener
yo						
tú						
él, ella, usted						
nosotros/as						
vosotros/as						
ellos, ellas, ustedes						

4 ¿Cuáles de las formas anteriores coinciden con las del presente de indicativo?

....

5 ¿Para qué se utiliza el pretérito indefinido? Explícalo con tus palabras y pon un ejemplo.

....

....

....

Ejemplo: ....

6 Escucha con atención y señala qué hizo Estela ayer.

[14]

7 ¿Y tú?, ¿qué hiciste ayer? Descríbelo brevemente.

....

....

....

....

8 ¿Te han parecido difíciles los textos de esta unidad?

☐ Mucho ☐ Bastante ☐ Un poco ☐ No

¿Has usado algún recurso de aprendizaje para hacer las tareas de comprensión lectora? ¿Cuál? ....

Explica en qué consiste: ....

....

9 Indica cuáles de las siguientes afirmaciones son verdaderas.

1. ☐ Los rapanuís construyen los gigantes de piedra para honrar a sus muertos.
2. ☐ El *mana* es el material con el que se construyeron las estatuas.
3. ☐ Todas las estatuas pesan más de 10 toneladas.
4. ☐ El *pukao* es una especie de sombrero que representa el peinado típico de los polinesios.
5. ☐ En la isla de Pascua hay un volcán.

Unidad

4 Hemos conectado

¿Qué te sugieren el título de la unidad y la imagen principal?

Fíjate en las otras fotografías; ¿has hecho recientemente alguna de estas cosas?

¿Qué es lo más interesante que has hecho esta semana?

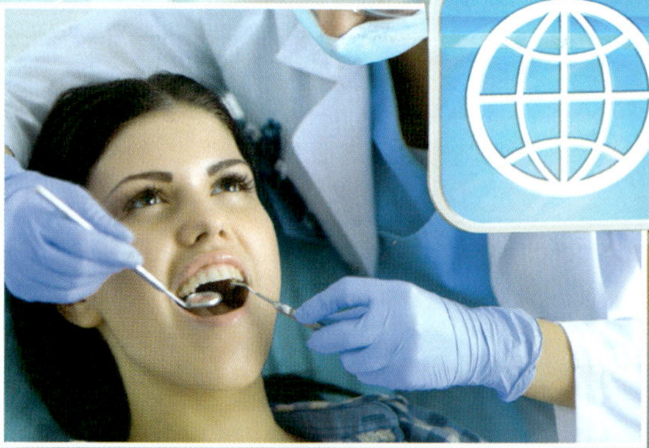

En esta unidad vas a. . .

- Narrar acciones terminadas en un tiempo relacionado con el presente
- Hablar de experiencias personales
- Expresar la negación de diferentes formas
- Conocer el voluntariado digital

¿Qué sabes?

1 **En parejas** ¿Sabes cómo se llaman estos objetos? ¿Con qué tema los relacionas?

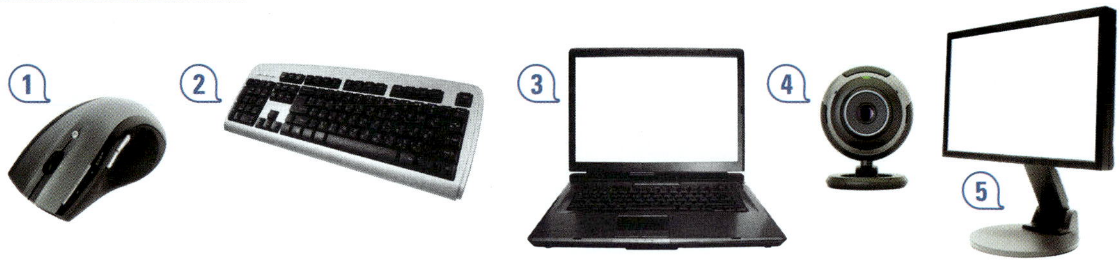

1.1 **En parejas** Carlos y Elena discuten sobre quién depende más de la tecnología. Lee la conversación y busca el verbo correspondiente a cada definición. ¿Cómo se dicen en tu lengua? Compara con tu compañero/a.

▸ Vale, Elena, no usas tanto el portátil como yo, es verdad, pero piensa...: ¿cuántas veces te has conectado a internet esta semana?

▹ No sé, no muchas... Ya te he dicho que yo no uso el ordenador ni el móvil tanto como tú.

▸ ¿Estás segura? Yo te he visto conectada muchas veces últimamente. Has descargado y guardado las fotos del cumple de Carlos, has imprimido un billete de tren, has chateado con tu prima de Buenos Aires, hemos navegado por internet durante horas para hacer el trabajo de Historia...

▹ Sí, y he colgado en Instagram una foto de la excursión a Bilbao. Mira...

1. Poner un documento en un lugar seguro del ordenador. ....
2. Llevar un archivo de internet al ordenador. ....
3. Llevar un archivo del ordenador a internet. ....
4. Ir de una página a otra de internet. ....
5. Hablar con alguien a través de un chat. ....
6. Sacar un documento del ordenador en papel. ....

2 **En parejas** ¿Cuáles de estos marcadores de tiempo crees que tienen relación con el presente?

este mes | en 1996 | este siglo | recientemente | el lunes | este lunes | ayer | anoche
este año | en marzo | este fin de semana | hasta ahora | todavía | nunca | esta tarde | hoy

RAE

LÉXICO

Español de España › ahora: *Lo haré. **Ahora** me voy corriendo, a ver qué quiere mi prima Paula con tanta urgencia.*
Español de América › ahorita: *Me encantaría, pero **ahorita** estoy apuradísimo.*
En Puerto Rico y la República Dominicana se distingue entre ahora *('en este momento')* y ahorita *('dentro de un rato')*:
***Ahorita** voy a mandar a traer su carro con un remolque.*

Español de España › recién *('acabado de')*: *Y me volví a instalar en la butaca de los domingos ante un café **recién** hecho y la prensa.*
Español de América › recién *('hace poco tiempo/solo entonces/en cuanto, tan pronto como')*:
***Recién** coincidí con ella, al tercer día de grabación, en el baño.*
*Escucho la voz de Gloria que me grita desde afuera y **recién** entonces me acuerdo de que a esa hora volvía de Gualeguaychú.*

3 **En parejas** ¿Conoces el participio de estos verbos? Fíjate en el ejemplo.

Estudiar › *estudiado*	Poner ›	Volver › ....
Romper ›	Repetir ›	Abrir › ....
Ver ›	Ser ›	Hacer › ....
Leer ›	Decir ›	Descubrir › ....

3.1 **En parejas** Fíjate en las imágenes y explica qué ha pasado entre un momento y otro.

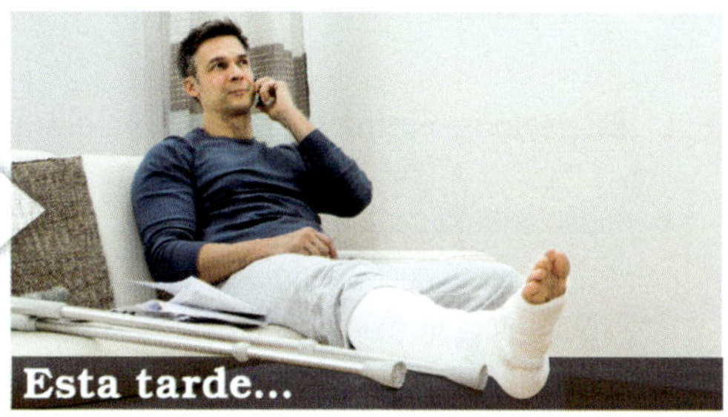

3.2 ¿Has estudiado algún tiempo compuesto en español? ¿Cuál? ¿Recuerdas cuándo se usa?

....

3.3 **En parejas** Cuéntale a tu compañero/a qué has hecho esta mañana antes de salir de casa.

Palabras

1 **En parejas** Relaciona cada verbo con un icono. ¿Dónde los sueles encontrar?

a. navegar	d. chatear	g. copiar	j. buscar
b. pegar	e. descargar, bajar	h. guardar	k. imprimir
c. subir	f. compartir	i. cortar	l. borrar

1.1 **En parejas** Forma frases con un elemento de cada columna.

1. Rubén chatea cada día...	a. ¿por qué no la imprimes?
2. Para pegar el documento...	b. a menudo para no tener problemas.
3. Si quieres la foto en papel,...	c. de una página web a otra.
4. Conviene darle a guardar...	d. con sus amigos de Uruguay.
5. Busca en el navegador,...	e. y así los puedes ver.
6. Me paso las horas navegando...	f. antes debes copiarlo o cortarlo.
7. Luego subimos los vídeos...	g. dos películas a la semana.
8. Si pagas, puedes descargar...	h. seguro que encuentras algo.

2 [15] Escucha a esta profesora de Informática y señala, entre las palabras que tienes debajo, las seis que menciona.

contraseña | celular | usuario | teclado | enlace
programa | ratón | dispositivo | pantalla | aplicación

2.1 [15] Vuelve a escuchar y escribe con tus palabras la definición de cada una.

1. ....
2. ....
3. ....
4. ....
5. ....
6. ....

2.2 **En parejas** ¿Sabes qué significan las otras cuatro palabras? Busca en internet imágenes que las representen y muéstralas al resto de la clase.

RAE

LÉXICO

Español de España

- móvil: *No había **móviles** ni teníamos tarjetas de crédito.*
- ordenador: *Me instalé ante el **ordenador** y le di la orden de bajar el correo.*
- ratón: *[...] internet que permite pasar de una página a otra haciendo clic con el puntero del **ratón** sobre una serie de iconos.*

Español de América

- celular: *Los llamaré por el **celular** mañana y hablaré con Ovidio.*
- computadora: *Flammarie se sentó frente a la **computadora**, comenzó su relato.*
- *mouse*: *Para colorear las palabritas primero se pinta con el **mouse** el texto elegido y luego se va a la función "Resaltar".*

3 **En parejas** Relaciona estos iconos con las fotografías. Escribe la palabra que representa cada imagen y reflexiona: ¿por qué crees que se ha usado esa palabra en el campo de la tecnología? ¿Coincides con la opinión de tu compañero/a?

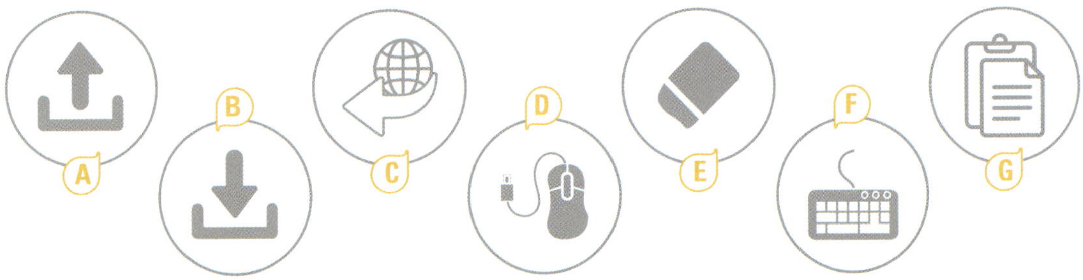

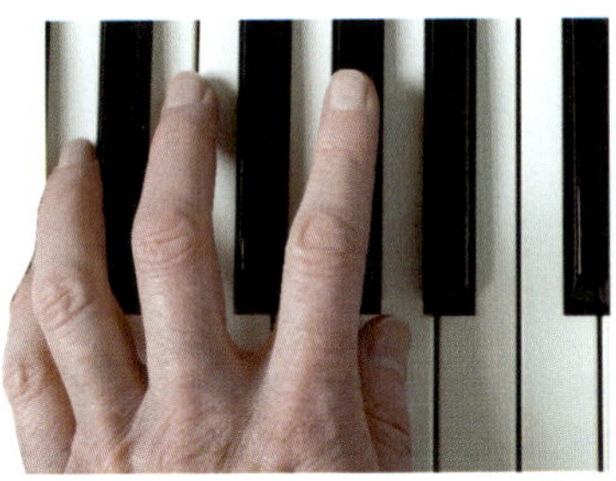

1 ☐ ______

2 ☐ ______

3 ☐ ______

4 ☐ ______

5 ☐ ______

6 ☐ ______

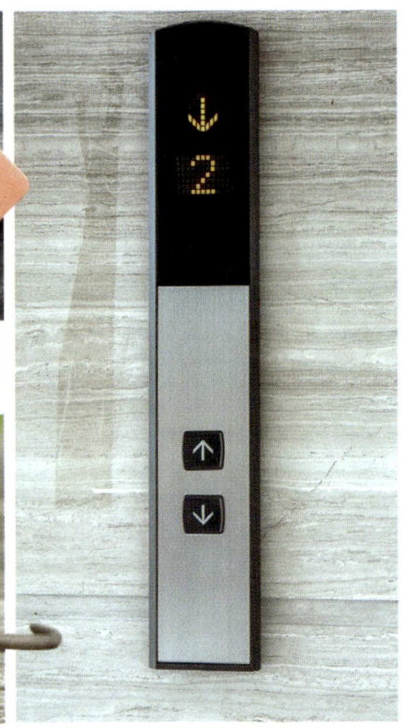

7 ☐ ______

3.1 **Todo el grupo** ¿En tu idioma sucede lo mismo con estas palabras?

3.2 **Todo el grupo** Las palabras anteriores son polisémicas. ¿Conoces en español otras palabras con más de un significado y la misma forma? Si no conoces ninguna, busca dos en internet y lleva a clase imágenes que representen los dos significados de cada una de las palabras. Por último, con las palabras de todos, haced un cartel para colgar en la clase.

Gramática

1 Pretérito perfecto: forma y usos

- El pretérito perfecto se forma con el verbo auxiliar *haber* y el **participio** del verbo principal:

	Estudiar	Entender	Repetir
yo	**he** estudiado	**he** entendido	**he** repetido
tú	**has** estudiado	**has** entendido	**has** repetido
él, ella, usted	**ha** estudiado	**ha** entendido	**ha** repetido
nosotros/as	**hemos** estudiado	**hemos** entendido	**hemos** repetido
vosotros/as	**habéis** estudiado	**habéis** entendido	**habéis** repetido
ellos, ellas, ustedes	**han** estudiado	**han** entendido	**han** repetido

Recuerda:
En los verbos reflexivos el pronombre se coloca delante del verbo:
*Hoy **me** he duchado por la mañana.*

Fíjate:
El participio no cambia de género ni de número: *yo he **leído**/**ella** ha **leído**/**ellos** han **leído**...*

- Algunos participios **irregulares** son:

abrir	› **abierto**	hacer	› **hecho**	romper	› **roto**
decir	› **dicho**	morir	› **muerto**	ver	› **visto**
escribir	› **escrito**	poner	› **puesto**	volver	› **vuelto**
cubrir	› **cubierto**	resolver	› **resuelto**	descubrir	› **descubierto**

*¿Dónde **habéis puesto** el portátil?*   *Marisa **ha vuelto** hace poco.*

- El pretérito perfecto se usa para hablar de **acciones terminadas** en un **tiempo** aún **no terminado** o que percibimos como presente:

__Esta semana/Este mes/Este año__ no he viajado.
__Hoy__ hemos visto a Esteban.

- Se usa también para hablar de **experiencias vividas o no** de una manera general, sin una idea de tiempo. En este caso usamos marcadores temporales que tienen un carácter general que abarca el presente:

__Nunca__ he estado en Berlín.
He leído el último libro de Muñoz Molina y me ha encantado.
¿Has viajado __alguna vez__ en avión?
__Hasta ahora__ hemos visitado veinte países.

1.1 **En parejas** Fíjate en las imágenes. ¿Has hecho alguna de estas cosas esta semana? ¿Cuáles?

1.2 [16] A Miguel le han hecho una encuesta sobre el uso de las redes sociales. Escucha y completa la tabla.

	Nunca	Alguna vez	Muchas veces
Comentar en un blog.	☐	☐	☐
Compartir fotos.	☐	☐	☐
Subir vídeos personales.	☐	☐	☐
Chatear con desconocidos.	☐	☐	☐
Quedar con un amigo virtual.	☐	☐	☐

1.3 **En parejas** Y tú, ¿cómo responderías a esta encuesta? Comparte los resultados con tu compañero/a.

2 Contraste *ya/todavía no, aún no*

Cuando hablamos de planes realizados o no, usamos ***ya*** para preguntar o confirmar su realización y ***todavía no, aún no*** para preguntar o indicar su no realización hasta el momento:

▶ *¿Has terminado **ya** el ejercicio?*
▷ *Sí, **ya** lo he terminado hace rato.*

▶ *¿**Todavía no** has visto el concurso de Tele 5?*
▷ *No, **aún no** lo he visto.*

2.1 **En parejas** Juan tiene una lista de buenas intenciones y planes para este año y ha marcado con una X todo lo que ha cumplido hasta ahora. Responde a las preguntas.

1. ¿Ha dejado ya de mirar el móvil a todas horas?
....
2. ¿Ha aprendido ya a cocinar?
....
3. ¿Se ha comprado ya un ordenador?
....
4. ¿Ha adoptado ya un perro?
....
5. ¿Se ha cambiado ya de casa?
....
6. ¿Ha visitado ya Barcelona?
....

2.2 **Todo el grupo** Y tú, ¿has cumplido alguno de tus planes para este año? ¿Cuáles tienes aún pendientes? Cuéntaselo a tus compañeros.

3 Contraste *conocer/saber*

Usamos el verbo ***conocer*** para referirnos a **experiencias**: lugares donde hemos estado, personas que hemos encontrado, cosas que hemos experimentado antes. El verbo ***saber*** sirve, en cambio, para hablar de **conocimientos** y **habilidades**:

*No **conozco** a Juan.*
*¿**Conoces** mi país?*

*¿**Sabes** hablar francés?*
*No **sé** dónde está Ana.*

3.1 Completa la frase con el verbo *saber* o *conocer* y pregunta a tu compañero/a.

1. ¿............................ Salamanca?
2. ¿............................ de dónde es Almodóvar?
3. ¿............................ a alguien de Perú?
4. ¿........................ cómo se apellida el profesor?
5. ¿Qué países ....?
6. ¿............................ tocar algún instrumento?

Practica en contexto

1 **En parejas** Lee el correo que ha escrito Silvia y luego señala cuáles son las fotos de su viaje a África.

De: Silvia Para: Javi Asunto: En África

Hola, Javi:

¿Qué tal todo por allí? No te he escrito antes porque he estado muy ocupada.

El trabajo de voluntariado aquí es muy duro, pero también tenemos tiempo para hacer otras cosas y yo he hecho ya algunas. A ver por dónde empiezo… He hecho *puenting* (increíble, ¿verdad?), he estado en un safari, he visitado un refugio para leones y me he hecho fotos con los animales. También mis compañeros y yo hemos viajado al desierto del Sáhara; es maravilloso.

Cerca de aquí hay playas fantásticas, aunque no he ido todavía a bañarme y tampoco he podido visitar los mercados para comprar algún recuerdo, pero espero hacerlo pronto porque los mercados africanos son absolutamente maravillosos.

Bueno, Javi, te mando unas fotos para darte envidia. Nos vemos muy pronto.

Un abrazo muy fuerte,

Silvia

1.1 Escribe un correo contándole a un/a amigo/a las cosas que has hecho en tus viajes y alguna que todavía no has podido hacer.

2 Piensa en una cosa muy rara o especial que hayas hecho y escríbela. Escribe también otra igual de extraordinaria, pero falsa.

Auténtica ....

Falsa ....

2.1 **En grupos pequeños** Lee a tus compañeros tus dos experiencias insólitas. Ellos tendrán que adivinar cuál es la verdadera y cuál la falsa haciéndote preguntas como en el ejemplo.

2.2 **En grupos pequeños** De las experiencias insólitas de tus compañeros, ¿has vivido alguna? ¿Cuál te ha sorprendido más?

3 **Todo el grupo** Una experiencia insólita es una experiencia rara, poco frecuente; pero ¿sabes qué es una *experiencia vital*? ¿Cuál de estas tres definiciones crees que es la correcta? Coméntalo con tus compañeros.

1. ☐ Cualquier experiencia vivida que tiene un significado especial.
2. ☐ Cualquier experiencia que cambia la vida positivamente.
3. ☐ Cualquier experiencia que cambia la vida negativamente.

La negación

- Para negar en español, además del adverbio ***no***, podemos usar otros elementos, como ***nunca, jamás, tampoco, nadie***...:
  Nunca hemos viajado en barco.
- Cuando estas expresiones negativas van después del verbo, se construyen con el adverbio ***no***. Es la doble negación:
  No hemos viajado nunca en barco.
- La conjunción ***ni*** equivale a ***y no***:
  No lo he hecho ni lo voy a hacer.
- También es posible usar ***ni... ni***, que hace la negación más enfática:
  No han venido ni Marta ni Luisa.

3.1 **En parejas** Lee lo que dicen estas personas acerca de sus experiencias vitales y, con tu compañero/a, completa la tabla.

Nadia

La experiencia que más ha cambiado mi vida ha sido salir de mi país y pasar un tiempo fuera. Ya he sido madre y he trabajado en cosas muy diferentes, pero nada me ha cambiado tanto como vivir en otro país porque he aprendido otra lengua, he conocido otras costumbres y he hecho muchos nuevos amigos. Todavía no he vuelto a mi país y no sé si lo voy a hacer algún día.

Mirian

Ya he vivido sola, pero la experiencia más interesante para mí ha sido estudiar en la universidad. ¡He aprendido tanto y he hecho tantos amigos...! Todavía no he terminado mis estudios, pero sé que estos años nunca los voy a olvidar porque, en ellos, he tomado algunas de las decisiones más importantes de mi vida.

Julia

Para mí la experiencia más importante que he vivido hasta ahora ha sido empezar a trabajar. Es verdad que soy muy joven y que todavía no me he ido a vivir sola ni tampoco he formado una familia, pero empezar a trabajar ha significado dar el primer paso de una nueva vida.

Iván

Yo no he encontrado todavía el amor ni el trabajo de mi vida, pero sí he hecho el viaje de mi vida y puedo decir que me ha cambiado completamente. Este verano he viajado a la India y siento que ahora soy otra persona, que mi forma de ver el mundo y a las demás personas ha cambiado.

David

Soy joven y hay muchas cosas que todavía no he vivido, como casarme o ser padre, pero creo que la experiencia más importante hasta ahora ha sido irme a vivir solo, salir de casa de mis padres y vivir por mis propios medios. Ha sido difícil, pero también he aprendido muchas cosas y me he convertido en una persona más responsable.

	Experiencia vital	Ya...	Todavía no...
Nadia			
Julia			
Iván			
Mirian			
David			

3.2 **Todo el grupo** ¿Qué otras experiencias vitales añadirías a las de la actividad anterior? Coméntalo con tus compañeros.

1. Tener hijos.
2. Vivir en otro país.
3. El primer trabajo.
4. Un viaje especial.
5. Irse a vivir solo.
6. Estudiar en la universidad.
7. ....
8. ....
9. ....
10. ....

3.3 **En parejas** Pregunta a tu compañero/a qué experiencias vitales de la lista anterior ha vivido ya, cuáles todavía no y cuál ha sido la más importante para él/ella.

3.4 **Todo el grupo** Cuenta al resto de la clase la información que te ha dado tu compañero/a.

3.5 Escribe una redacción hablando sobre tus experiencias vitales. Debes utilizar algunas de las expresiones que aparecen en la siguiente lista. Puedes usar como modelo los textos de la actividad 3.1.

Marcar un antes y un después. | Hacernos a nuevas costumbres. | Abrir el círculo de amigos. | Sentirse adulto por primera vez. | El cambio puede ser difícil. | Es como volver a empezar.

....

....

....

....

....

....

....

4 [17] Escucha lo que dicen en este programa sobre el uso que hacen de internet los adolescentes y completa el gráfico con los datos que faltan.

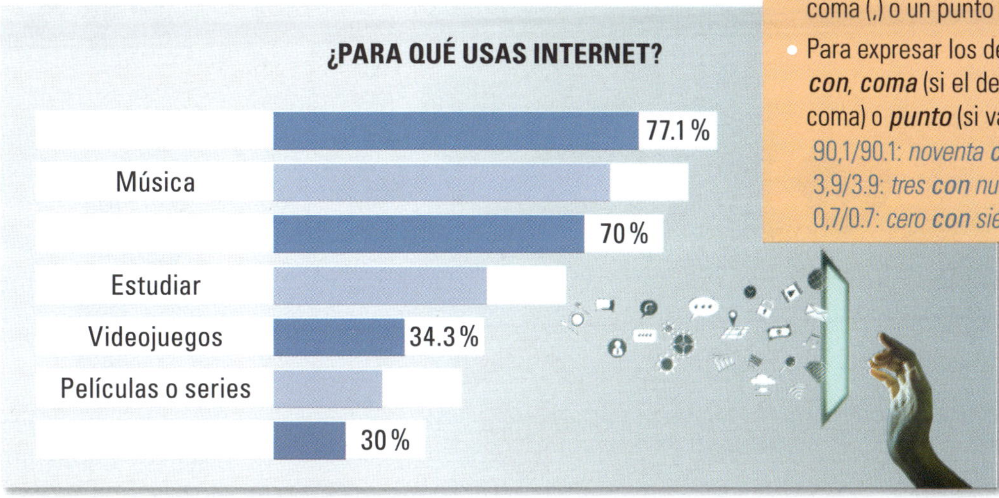

Decimales

- Los decimales se pueden separar con una coma (,) o un punto (.).
- Para expresar los decimales puedes usar ***con, coma*** (si el decimal va separado por coma) o ***punto*** (si va separado por punto):
  90,1/90.1: *noventa **con** uno* o ***coma/punto*** *uno*
  3,9/3.9: *tres **con** nueve* o ***coma/punto*** *nueve*
  0,7/0.7: *cero **con** siete* o ***coma/punto*** *siete*

4.1 **En parejas** Pregunta a tu compañero/a si durante esta semana ha usado internet para las actividades anteriores y ordénalas según el tiempo empleado en cada una.

Actividades	Tiempo empleado

4.2 **Todo el grupo** Con los datos de todos elaborad el gráfico de la clase sobre el uso de internet.

4.3 **Todo el grupo** ¿En qué coincide la clase con el estudio? ¿Crees que las personas de otras edades usan internet de la misma forma que los adolescentes?

5 **En parejas** ¿Utilizas internet para estudiar y practicar español? Marca con una X los medios que usas.

- ☐ cursos en línea
- ☐ diccionarios
- ☐ blogs de profesores
- ☐ foros
- ☐ sitios especializados
- ☐ redes sociales
- ☐ intercambios por chat
- ☐ prensa en línea
- ☐ películas y series
- ☐ televisión en línea

5.1 **Todo el grupo** Comparte con el resto de la clase tus conclusiones y el sitio de internet que más te ayuda con tu español.

Hemos CONECTADO

1 Lee y completa el texto con las palabras que tienes a la derecha. Luego compara con tu compañero/a.

Cada vez son más las [1] .... que dan la posibilidad de colaborar con ellas de manera [2] ...., desde una [3] .... digital, sin necesidad de movernos de casa.

Los [4] .... pueden realizar desde su ordenador muchas tareas importantes de [5] .... y apoyo y, también, participar en proyectos fundamentales para el desarrollo de las regiones más necesitadas.

Plataforma: Entorno informático.

ONG: Siglas de *organización no gubernamental*, como Unicef, Cruz Roja, Greenpeace, etc.

Voluntario: Persona que colabora con una ONG u otras organizaciones sin recibir dinero por su trabajo.

Virtual: Sin presencia física.

Difusión: Acción de dar a conocer una información entre la gente.

2 **Todo el grupo** ¿Cuál de estas tres organizaciones te parece más interesante? Razona tu respuesta.

http://campusolidario.unir.net/

unir[1] campus solidario

"El que enseña aprende dos veces".
Si eres bueno en contabilidad, puedes enseñar a un grupo de mujeres en Perú a gestionar sus microcréditos.
Si sabes de educación, puedes mejorar la docencia de un grupo de profesores en Guatemala.
Si lo tuyo es la comunicación, puedes enseñar habilidades sociales a jóvenes inmigrantes en España.
Con tan solo dos o tres horas al mes puedes mejorar la vida de otras personas. Además, no lo haces solo: trabajas en equipo, dentro de un grupo en el que os ayudáis unos a otros.

[1]UNIR son las siglas de la Universidad Internacional de La Rioja (España).

http://www.cruzroja.es/

¿No puedes hacer voluntariado presencial? Cruz Roja abre nuevas posibilidades a través del voluntariado digital o voluntariado *online*. Te ponemos algunos ejemplos de cómo ofrecer solidaridad en nuevos espacios y tiempos. Tú también puedes hacerlo.

Rubén tuvo un accidente de tráfico y reside en un centro de recuperación de personas con discapacidad, donde estudia informática. Desde allí se conecta para contar historias con moraleja a los niños y a las niñas del Centro Infantil de Cruz Roja.

Aurélien ayuda con la informática a personas mayores de cualquier lugar de España desde su casa en París. Estudia Traducción e Interpretación y también pertenece al Equipo de Traductores y Traductoras de Cruz Roja.

Anabel mantiene el Facebook del proyecto VIH-Sida de Cruz Roja. Semanalmente le dedica dos horas desde Ceuta, donde reside actualmente. "Soy gestora de redes sociales y sigo enganchada a Cruz Roja".

Adaptado de http://www.cruzroja.es/principal/web/voluntariado/voluntariado-digital

https://tec.mx/

Tecnológico de Monterrey[2]

¿Quién puede ser voluntario?

Cualquier persona que tenga principios solidarios, una formación básica y una buena dosis de voluntad.

Voluntario es toda persona que, de una manera reflexiva, solidaria, desinteresada y no remunerada, desarrolla una actividad en beneficio de la comunidad dentro de una organización.

El Tecnológico de Monterrey, Campus Hidalgo, te invita a participar como voluntario...

Asesorando a microempresas en:

- Estrategia de ventas
- Contabilidad
- Páginas web
- Planes de negocios

O impartiendo talleres de:

- Servicio a clientes
- Control de calidad
- Comercio en línea
- Derecho laboral
- Finanzas

[2]El Tecnológico de Monterrey es un instituto tecnológico de estudios superiores ubicado en Monterrey (México).

3 **Todo el grupo** ¿Qué otras cosas crees que pueden hacerse desde un ordenador para ayudar a otras personas?

4 **Todo el grupo** ¿Has colaborado alguna vez con una ONG o conoces a alguien que lo hace? Cuéntaselo a tus compañeros.

HOSTAL Babel

Un mensaje que dice: "Error"

Antes del vídeo

1 **En parejas** Fíjate en la imagen. ¿Qué hora crees que es? ¿Por qué están solas Bea y Tere?

2 **En parejas** ¿Qué crees que está haciendo Bea con el ordenador?

1. Chateando con amigos.
2. Poniendo un anuncio del hostal en internet.
3. Comprando algo *online*.

3 **Todo el grupo** Bea tiene un problema con el ordenador y no sabe qué hacer. ¿Crees que Tere lo puede solucionar o que van a pedir ayuda? Justifica tu respuesta.

Durante el vídeo

4 **En parejas** Visiona el fragmento 00:30 ▶ 01:25 y comprueba las respuestas de las actividades 1 y 2.

5 A Bea le sale un mensaje de error que no le permite continuar. Visiona el siguiente fragmento, 01:25 ▶ 02:10. ¿Ha descubierto Bea el motivo del mensaje? Escribe la respuesta.

– Sí, ya ....

– No, todavía no ....

5.1 Marca las cosas que ha hecho Bea, luego visiona de nuevo el fragmento anterior y comprueba.

1. ☐ Ha intentado subir el anuncio.
2. ☐ Ha seguido todas las instrucciones.
3. ☐ Se ha registrado correctamente.
4. ☐ Ha pagado por el anuncio.
5. ☐ Ha puesto su correo electrónico.
6. ☐ Ha escrito todos los datos que le han pedido.
7. ☐ Ha pedido ayuda al soporte técnico.
8. ☐ Ha subido las fotos del hostal.
9. ☐ Ha puesto la contraseña.
10. ☐ Ha puesto una foto suya.

6 Visiona el fragmento 02:10 ▶ 02:22 y completa el mensaje de error.

"Se ha producido un error y ....

....

7 **En parejas** Visiona ahora el siguiente fragmento, 02:22 ▶ 04:06, y ordena estas intervenciones.

a. ☐ ¡Leeeeo!, ¿puedes venir un momento?
b. ☐ Bea no consigue registrarse en esa página.
c. ☐ Mira la hora que es y el tiempo que he perdido ya con esto.
d. ☐ Seguro que ya se ha acostado y está durmiendo.
e. ☐ ¿"Hostales acogedores"? No me suena esa página.
f. ☐ Internet es una herramienta imprescindible para un negocio como este.
g. ☐ ¡Chica, que vas a despertar a todo el bloque!
h. ☐ ¡Y el hostal Babel tiene que estar ahí!

8 Visiona el fragmento 04:06 ▶ final y marca la opción correcta.

1. Bea ha subido los archivos con las fotos.
   a. Está segura.
   b. Eso cree.
   c. No se acuerda.
2. En un primer momento, Leo cree que…
   a. el enlace de subida no funciona.
   b. los archivos pesan demasiado.
   c. algún dato es incorrecto.
3. El problema es el navegador porque…
   a. no reconoce los archivos.
   b. los enlaces están rotos.
   c. la versión es vieja y no está actualizada.
4. Leo propone…
   a. hacerlo en su ordenador.
   b. cambiar de navegador.
   c. hacerlo más tarde.

Después del vídeo

9 **En parejas** Marca las palabras que han usado los personajes. Puedes volver a ver el vídeo completo si es necesario.

☐ enlace	☐ navegador	☐ bajar	☐ subir	☐ impresora
☐ ordenador	☐ ratón	☐ archivo	☐ mensaje	☐ contraseña
☐ página	☐ registro	☐ teclado	☐ informática	☐ navegar

10 **Todo el grupo** Fíjate en las habitaciones de las imágenes; ¿cuál crees que se parece más a la de Leo? ¿Por qué? Y tu habitación, ¿a cuál se parece más?

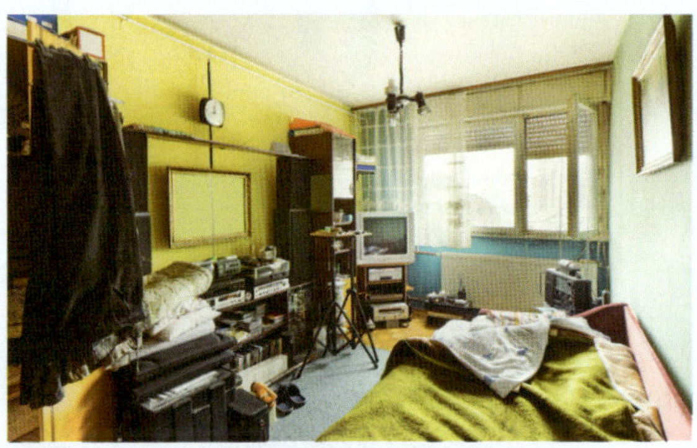

11 **Todo el grupo** ¿Alguna vez has tenido un problema al navegar por internet? ¿Cuál? ¿Cómo lo solucionaste?

Evaluación

1 Escribe el nombre de estos dispositivos.

1. ...
2. ...
3. ...
4. ...
5. ...
6. ...
7. ...

2 Completa el texto con las palabras del recuadro.

aplicación | contraseña | imprimir | bajar | chatear | usuario | ordenador | guardar

Para descargar de internet esa [1] ...., tienes que registrarte primero en la página web. Es muy simple: creas un [2] .... y una [3] .... y ya tienes un perfil para entrar siempre. Es un sitio fantástico, es posible [4] .... todo tipo de programas y también tutoriales que puedes [5] .... en el [6] .... o [7] .... si los quieres en papel. También hay un foro de usuarios y puedes [8] .... con ellos cada vez que tienes un problema.

3 Fíjate en las imágenes y escribe lo que ha hecho Lourdes este fin de semana.

1 

....

2 

....

3 

....

4 

....

5 

....

6 

....

4 Escribe en tu cuaderno una redacción de ochenta a cien palabras contando lo que has hecho tú hoy, este año, este fin de semana o estas vacaciones.

5 Mira las notas que Pedro ha escrito en su agenda para esta semana. Fíjate en las casillas marcadas y escribe lo que ya ha hecho y lo que no ha hecho aún.

....
....
....
....
....
....
....

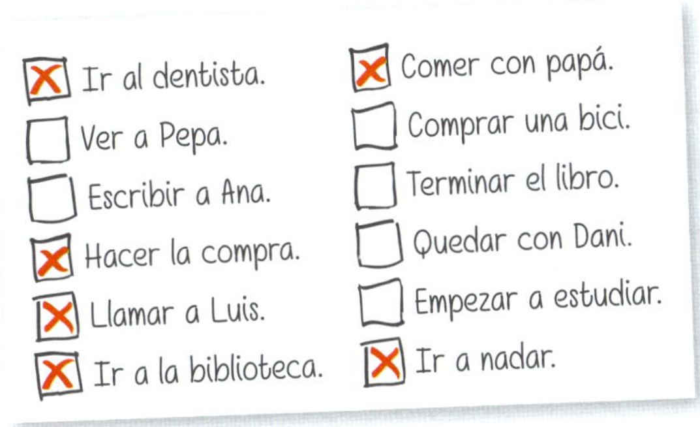

6 Escribe las preguntas a estas respuestas.

1. ¿...? Sí, he estado en Buenos Aires un par de veces.
2. ¿...? No, no la he visto todavía; dicen que está muy bien.
3. ¿...? Sí, ya lo hemos hecho.
4. ¿...? No, no ha estado nunca aquí.
5. ¿...? Sí, dos o tres veces.
6. ¿...? No, aún no lo he encontrado.
7. ¿...? Sí, ya lo sé, me he enterado esta mañana.
8. ¿...? No, no hay nada.

7 Responde negativamente a estas preguntas.

1. ¿Has estado alguna vez en Montevideo? ....
2. ¿Ha llegado ya Luis? ¿Y Marta? ....
3. ¿Has hecho la compra y preparado la cena? ....
4. ¿Ha preguntado alguien por mí? ....
5. ¿Necesitáis algo? ....
6. ¿Se lo has contado a Elvira? ¿Y a Raúl? ....
7. ¿Has tenido algún problema? ....
8. ¿Han terminado ya? ....

8 Indica si las siguientes afirmaciones son verdaderas o falsas.

1. ONG son las siglas de *organización de no gobierno*. .... V F
2. Los voluntarios trabajan por poco dinero. .... V F
3. Campus Solidario trabaja tanto en España como en Latinoamérica. .... V F
4. Cruz Roja no dispone de ningún programa de voluntariado digital. .... V F
5. El Tecnológico de Monterrey asesora a grandes empresas. .... V F
6. El voluntariado digital permite ayudar a otros sin salir de casa. .... V F

9 ¿Vas a ampliar los contenidos de esta unidad usando internet? ¿Dónde vas a buscar? ¿Cómo crees que puedes practicarlos en la red?

Unidad 5

¿Cuál ha sido para ti el mejor invento de la historia?

¿Qué importancia tiene en la actualidad?

¿Quién lo inventó?

Fíjate en el resto de las fotografías; ¿a qué temas hacen referencia?

Vivencias

En esta unidad vas a...

- Hablar de sucesos, hechos y acciones del pasado
- Elaborar una biografía
- Hablar de malentendidos culturales
- Conocer la vida de Salvador Dalí, Chavela Vargas y Celia Cruz
- Conocer La Habana (Cuba)

¿Qué sabes?

1 **En parejas** ¿Sabes qué es una biografía? ¿Qué tiempo verbal se utiliza cuando se redacta una?

1.1 **En parejas** ¿Conoces a estos dos personajes? ¿A qué se dedicaron? ¿Sabes a cuál de los dos se refieren las imágenes? Justifica tu respuesta.

A Chavela Vargas

B Salvador Dalí

1 ☐

2 ☐

3 ☐

4 ☐

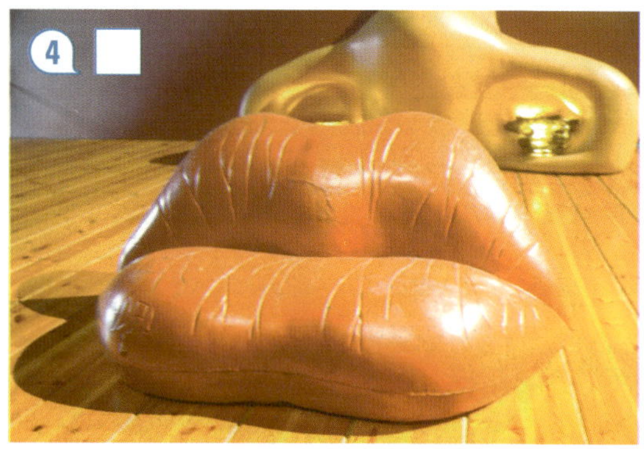

1.2 **Todo el grupo** Tu profesor/a va a dividir la clase en dos grupos (A y B). El grupo A va a elaborar una lista con las cosas que sabe de Chavela Vargas y el grupo B, de Salvador Dalí. Luego intercambiad la información.

Chavela Vargas grupo A

....
....
....
....
....
....

Salvador Dalí grupo B

....
....
....
....
....
....

2 **En parejas** Observa las imágenes y elabora frases usando el tiempo verbal adecuado del pasado.

Hace tres meses ....

Ayer ....

Hace diez minutos ....

Esta semana ....

El año pasado ....

Hoy ....

2.1 **Todo el grupo** ¿Has utilizado el mismo tiempo verbal en todas las frases? ¿Por qué? Justifica tu respuesta.

RAE

LÉXICO

Español de España › película: *¿Ha visto la **película*** Silencio roto?

Español de América › filme, film: *Llegaba Rodolfo Usigli, notable dramaturgo, cuya única novela inspiró un **filme** de Luis Buñuel.* Muerte en Venecia, *el **film**, es un modelo de adaptación cinematográfica.*

3 **En parejas** Ahora, pregúntale a tu compañero/a qué ha hecho o hizo y completa la tabla.

Hoy	Esta semana	Hace diez minutos	Ayer	El año pasado	Hace tres meses

Palabras

1 **En parejas** Lee las siguientes palabras y relaciónalas con su significado.

1. personaje	a. Persona, animal o cosa que interpreta el papel principal en una historia.
2. protagonista	b. Tiempo en que se hace o sucede algo.
3. fecha	c. Ser real o imaginario.
4. siglo	d. Escrito que contiene datos de un determinado hecho histórico.
5. documento	e. Conjunto de todas las personas.
6. acontecimiento	f. Periodo de 100 años.
7. humanidad	g. Cosa que se crea, se diseña, se idea o se produce por primera vez.
8. invento	h. Hecho o suceso.

1.1 **En parejas** Completa las frases con las palabras anteriores.

1. Para mí, el .... más importante del siglo XIX fue el teléfono. Nos permite hablar con las personas a miles de kilómetros de distancia.
2. La historia de la .... está llena de descubrimientos.
3. Diego Rivera fue un reconocido muralista mexicano del .... XX.
4. Gracias a la gran cantidad de .... históricos que hay de esa época, se ha podido conocer la historia del país con gran exactitud.
5. No sé la .... en la que nació el pintor Salvador Dalí.
6. Yo creo que Pitágoras es el .... más importante de la historia de las matemáticas.
7. La llegada del hombre a la Luna fue un .... histórico.
8. El .... de esta historia es Johannes Gutenberg, el inventor de la imprenta.

2 **En parejas** Fíjate en los siguientes objetos; ¿cómo se llaman y para qué sirven? ¿Qué crees que han aportado estos inventos a la vida de las personas?

1

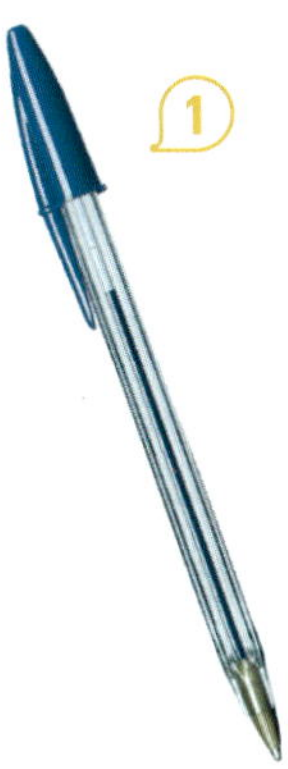

2

3

4

RAE

LÉXICO

Español de España › fregona: *En la habitación de Guillermo, Elena pasa la* ***fregona****, guarda los libros, retira las sábanas, suspira.*
Español de Argentina › escurridor: *Rosa entra con un balde y un* ***escurridor****.*
Español de México › trapeador:
No se preocupe por la gotera en el baño, aquí el agua se seca rápido –Rosa mueve el ***trapeador*** *con el pie.*
Español de Venezuela › coleto: *Estaba limpiando, y al sacar la silla para pasar el* ***coleto*** *por debajo de la mesa cayó la bolsa.*

En el español de Costa Rica, Ecuador, Guatemala, Honduras, México y Nicaragua, fregar significa 'molestar, enfadar, fastidiar': *CHICO: Eh, no me* ***fregués****. Y yo me fui.*

Español de España › grapadora: *García: Dame eso* (García le coge la **grapadora** de las manos).
Español de Argentina › abrochadora: *¿Vos tenés una* ***abrochadora****? Tengo que coser este pliego.*
Español de Colombia › cosedora: *La* ***cosedora*** *y la recogedora de pliegos tienen un precio muy alto.*
Español de México › engrapadora:
Te organizas para tener el material necesario y procuras no pedir cosas como lápices, papel, ***engrapadora****, etcétera.*

2.1 Escucha con atención el audio y completa la ficha sobre los inventos anteriores.

[18]

1

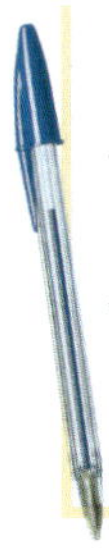

Invento: ....
....
Inventor: ....
....
Nacionalidad: ....
Fecha: ....

2

Invento: ....
....
Inventor: ....
....
Nacionalidad: ....
Fecha: ....

3

Invento: ....
....
Inventor: ....
....
Nacionalidad: ....
Fecha: ....

4

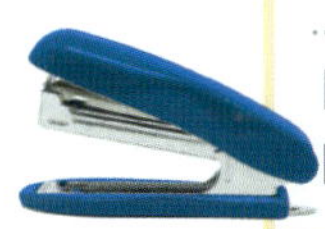

Invento: ....
....
Inventores: ....
....
Nacionalidad: *españoles*
Fecha: ....

Para resolver con éxito una actividad de este tipo, es muy importante que leas con atención las instrucciones y que entiendas qué información se pide. Haz una escucha selectiva del audio centrándote en las palabras y en la información necesarias para completar la tarea.

3 **En grupos pequeños** Piensa en un invento importante para la historia de la humanidad según tu opinión y completa la ficha.

Nombre del invento y breve descripción: ....
....
Nombre del inventor y fecha del invento: ....
Profesión del inventor: ....
Otros datos de interés: ....

3.1 **Todo el grupo** Ahora, compartid con el resto de la clase la información del invento pero sin decir el nombre. Vuestros compañeros tienen que adivinar de qué se trata. ¿Cuál es el invento que te parece más imprescindible hoy en día? ¿Por qué?

Ejemplo: ▶ *Se inventó en 1879. Estuvo encendida durante 48 horas seguidas.*
▷ *¡La bombilla!*

Gramática

1 Pretérito indefinido irregular: verbos con irregularidad en la tercera persona

Fíjate:
Los cambios en la terminación se producen en los verbos que tienen la raíz terminada en vocal:
le-er › ~~*leió*~~ › *leyó*; *constru-ir* › ~~*construió*~~ › *construyó*; *ca-er* › ~~*caió*~~ › *cayó*...

Hay un grupo numeroso de verbos que tienen una **irregularidad vocálica** en la raíz o en la terminación de la **tercera persona** singular y plural del pretérito indefinido:

	En la raíz		En la terminación	
	e › i	o › u	i › y	
	Pedir	**Dormir**	**Oír**	**Creer**
yo	pedí	dormí	oí	creí
tú	pediste	dormiste	oíste	creíste
él, ella, usted	p**i**dió	d**u**rmió	o**y**ó	cre**y**ó
nosotros/as	pedimos	dormimos	oímos	creímos
vosotros/as	pedisteis	dormisteis	oísteis	creísteis
ellos, ellas, ustedes	p**i**dieron	d**u**rmieron	o**y**eron	cre**y**eron

- Otros verbos con irregularidad **e › i**: pref**e**rir, el**e**gir, m**e**dir, m**e**ntir, corr**e**gir...
- Otro verbo con irregularidad **o › u**: m**o**rir.
- Otros verbos con la terminación irregular: constr**ui**r, destr**ui**r, incl**ui**r, distrib**ui**r, c**ae**r, l**ee**r...

1.1 **En parejas** Escribe la tercera persona del singular y del plural del pretérito indefinido de los siguientes verbos según su irregularidad.

1. morir: .... , ...
2. reír: .... , ...
3. incluir: .... , ...
4. preferir: .... , ...
5. destruir: .... , ...
6. mentir: .... , ...

2 Marcadores temporales de pretérito indefinido

En una biografía se encuentran **indicaciones temporales** (fechas, periodos, edades) y expresiones para relacionar unos hechos con otros.

- Para hablar de una **fecha**:
  - en...
  - el 17 de abril de 1919
  - *a los/con* + edad

  En 2011 lanzó un álbum con poemas de su amigo Federico García Lorca.
  Nació el 17 de abril de 1919.
  A los 42 años publicó su primer álbum, Noche bohemia.

- Para hablar de la **duración** de una acción:
  - desde... hasta...
  - de... a...

  *Chavela Vargas vivió en Costa Rica **desde/de** 1919 **hasta/a** 1935.*

- Para **relacionar** dos momentos del pasado:
  - al cabo de...
  - después de...
  - a los dos días/tres meses
  - a las cinco semanas
  - a la mañana/al día siguiente
  - poco (tiempo)/dos días/un mes/un año **más tarde/después (de)**

  *Diez años **después de** su llegada a México se hizo famosa.*
  ***Al cabo de** 10 años apareció en la película* Frida *interpretando "La llorona".*

2.1 **Completa la biografía de la cantante Chavela Vargas con la forma adecuada del pretérito indefinido de los siguientes verbos.**

estar (2) | vestirse | hacer | nacer | irse | ponerse | lanzar | morir | construir | hacerse | ir

Chavela Vargas [1] .... en San Joaquín de Flores, Costa Rica, el 17 de abril de 1919. [2] .... a vivir a México en su adolescencia para buscar mejores oportunidades musicales. Durante sus primeros años [3] .... cantando por las calles y [4] .... su imagen: [5] .... de hombre y [6] .... un poncho rojo. Diez años después de su llegada a México [7] .... famosa y con 42 años [8] .... su primer álbum, *Noche bohemia*. [9] .... muchos años sin actuar, pero en la década de los 90 [10] .... a España y reapareció en algunas películas de Pedro Almodóvar. Al cabo de 10 años [11] .... una intervención en la película *Frida* interpretando la canción *La llorona* y en 2011 publicó un álbum con poemas de Federico García Lorca. [12] .... el 5 de agosto de 2012 en Cuernavaca, México.

2.2 [19] **Alberto nos cuenta datos de su vida. Escucha y completa la información.**

1. Alberto nació ....
2. .... se fue con su familia a Madrid.
3. Vivió en Madrid ....
4. .... se fue a Estados Unidos.
5. .... regresó con su familia a Madrid.
6. .... su regreso a Madrid, murió su padre.

3 Contraste pretérito perfecto/pretérito indefinido

- Se utiliza el **pretérito perfecto** para hablar de **acciones terminadas** en un **tiempo no terminado** o de **experiencias vividas** sin importar el momento concreto en el que sucedió la acción:

  Esta tarde he estado en casa de mis padres.

  Nunca he estudiado japonés. (No he tenido la experiencia hasta ahora).

- El **pretérito indefinido** es un tiempo del pasado que expresa **acciones terminadas** en un **tiempo terminado**; por eso se usa para dar información sobre la vida de alguien, hablar de hechos históricos y acontecimientos del pasado o informar del tiempo que separa dos acciones:

  *Nació **en el año 2002**.*

  ***Ocho años después** regresó a su país.*

  *La guerra civil española comenzó **en el año 1936** y terminó **en 1939**.*

3.1 **En parejas** **¿Qué has hecho hoy? ¿Qué hiciste ayer? Elabora una frase con cada marcador utilizando el tiempo verbal adecuado. ¿En qué coincides con tu compañero/a y en qué no?**

hoy	el otro día
ayer	esta semana
el año pasado	hace tres meses
nunca	hace diez minutos

RAE

GRAMÁTICA

Como ya sabes, en los países de Hispanoamérica y en algunas zonas de España como Galicia, Asturias, parte de León y Canarias, se usa el pretérito indefinido en lugar del pretérito perfecto para hablar de acciones terminadas en un tiempo no terminado: *Estoy muy cansado porque **esta mañana salí** de casa muy temprano y **no llegué** hasta las nueve de la noche. **Fue** un día muy largo.*

En español de España se diría: *Estoy muy cansado porque **esta mañana he salido** de casa muy temprano y **no he llegado** hasta las nueve de la noche. **Ha sido** un día muy largo.*

Practica en contexto

La **biografía** es un texto **narrativo** donde se cuentan los hechos más importantes de la vida de una persona desde su nacimiento hasta el momento actual.

Recuerda:
Para elaborar una biografía necesitas usar los conectores temporales que sirven para expresar fechas, relacionar dos momentos del pasado e indicar la duración de una acción.

Detalle de la casa de Dalí en Portlligat, Cadaqués, Gerona

1 **En parejas** A continuación te damos algunos datos importantes de la vida del pintor español Salvador Dalí. Léelos con atención y elabora su biografía.

- **1904** Nace el 11 de mayo en Figueras, Gerona.
- **1910** Se matricula en el Colegio Hispano-Francés de la Inmaculada Concepción de Figueras. Aprende francés.
- **1922** Va a Madrid para estudiar en la Escuela de Bellas Artes. Se aloja en la Residencia de Estudiantes y allí conoce a Lorca y a Buñuel. Se hacen grandes amigos.
- **1926** Participa en varias exposiciones en Madrid y Barcelona. Realiza su primer viaje a París y conoce a Pablo Picasso.
- **1929** Entra en contacto con el grupo de artistas surrealistas. Conoce a su futura mujer, Gala.
- **1934** Contrae matrimonio civil con Gala.
- **1935** Regresan a Figueras.
- **1936** Participa en una exposición del MOMA en Nueva York.
- **1940** El matrimonio se traslada a vivir a EE. UU.
- **1948** Regresan a España.
- **1958** Se casan por la Iglesia.
- **1974** Se inaugura el Teatro-Museo Dalí de Figueras.
- **1982** Muere Gala, su esposa.
- **1989** Muere el 23 de enero.

2 [20] **Madeleine es una chica francesa que está estudiando español y que ha escrito una breve biografía sobre su profesor Elías. Sin embargo, hay tres datos que no son correctos. Lee la biografía, escucha con atención y corrige la información falsa.**

En las actividades de comprensión auditiva, lee antes las instrucciones de la tarea que tienes que realizar y toma notas rápidas mientras escuchas.

Elías nació en Madrid en 1975, pero a los dos años se fue a vivir a Buenos Aires con su familia. Allí empezó el colegio y comenzó a interesarle la música. Su tío lo inscribió en el conservatorio, pero a los tres años lo tuvo que dejar porque se trasladó de nuevo con su familia a Madrid. En 1993 empezó a estudiar Medicina, pero abandonó pronto estos estudios y ese mismo año se matriculó en Filología Hispánica. En cuarto de carrera estuvo en Francia con una beca de intercambio. Le encantó el país: el paisaje, la gastronomía, la gente... Cuando terminó el curso, volvió a España para terminar la carrera, pero con la idea de regresar a Francia en su cabeza. En el año 2000 hizo su sueño realidad y volvió. Primero estuvo en Cannes dos años; al principio trabajó como camarero y pronto empezó a dar clases particulares de español. Al cabo de tres años conoció a Zoe, se enamoraron y se fueron a vivir a París. Allí empezó a trabajar en una escuela dando clases de español: en mi escuela... Es mi profesor desde hace dos años y ¡me encantan sus clases!

1.1 **En grupos pequeños** Elige con tus compañeros a un personaje famoso: pintor/a, cantante, escritor/a, actor/actriz... Busca sus datos más interesantes y elabora una lista con fechas como la de la actividad 1.

1.2 **Todo el grupo** Ahora contadle al resto de la clase la vida de vuestro personaje, utilizando los marcadores temporales adecuados y sin decir su nombre. Vuestros compañeros deben adivinar de quién se trata.

Dalí y Man Ray en 1934

Retrato de Salvador Dalí hecho por García Lorca

Dalí en la década de 1960

Dalí Atomicus, fotografía de 1948 de Philippe Halsman

1. Dato falso: ....
   Dato correcto: ....
2. Dato falso: ....
   Dato correcto: ....
3. Dato falso: ....
   Dato correcto: ....

2.1 Ahora vas a escribir tu propia biografía. Debes incluir la siguiente información y tres datos falsos.

- Fecha y lugar de nacimiento.
- Estudios realizados.
- Etapas más importantes de tu vida.
- Hechos positivos y negativos.

2.2 **Todo el grupo** Lee tu biografía a tus compañeros. Ellos deben hacerte preguntas para adivinar los datos falsos. ¿Quién ha tenido hasta ahora la vida más interesante? ¿Por qué?

3 [21]

Lucía es una joven andaluza que vive en Madrid desde hace dos meses. Escucha los mensajes de voz que les manda a dos amigos y completa la tabla.

Tres cosas que ya ha hecho Lucía hoy y tres cosas que todavía no ha hecho	Seis cosas que hizo Lucía el fin de semana pasado
1.	1. ....
2.	2. ....
3.	3. ....
4.	4. ....
5.	5. ....
6.	6. ....

Contraste *ya/todavía no, aún no* (repaso)

- ***Ya*** + pretérito perfecto se usa para preguntar o confirmar la realización de una acción que debía cumplirse o que esperamos ver realizada:
  - ▶ *¿Ya has ido al gimnasio?*
  - ▷ *Sí, ya he ido.*
- ***Todavía no, aún no*** + pretérito perfecto indica que la acción no se ha realizado hasta el momento:
  Todavía no he ido. Iré más tarde.

3.1 Lucía escribe un correo a otro amigo contándole cómo le ha ido el día. Se queda dormida sin enviarlo y tiene que hacerlo al día siguiente. Transforma el correo utilizando el tiempo del pasado correcto y sus correspondientes marcadores temporales.

L Lucía
a Alejandro

Asunto: ¡Hola!

¡Hola, Alejandro! ¿Qué tal por Buenos Aires? Hace días que no te escribo 😟… ¡Lo siento! Hoy he tenido el día libre y ha sido muy intenso… Seguro que no te lo crees, pero me he levantado temprano para ir al gimnasio. Allí he tenido una hora de clase de zumba, he nadado cuarenta minutos y luego he estado en la sauna. ¡Qué maravilla! Después he desayunado con Bruno y nos hemos ido en coche a la sierra, y ¿a que no sabes qué?: ¡por fin he montado en globo! Ha sido una experiencia maravillosa que quiero repetir. Bruno no ha montado y me ha esperado leyendo en el coche 🙂

Por la tarde hemos estado en un río y hemos hecho *rafting*. La verdad es que he pasado mucho miedo 😱

L Lucía
a Alejandro

Asunto: ¡Hola!

¡Hola, Alejandro! ¿Qué tal por Buenos Aires? Hace días que no te escribo 😟… ¡Lo siento! Ayer tuve…

3.2 Piensa en cuatro experiencias que has vivido relacionadas con tu aprendizaje del español y descríbelas brevemente por escrito. Da información de la fecha, el lugar de la experiencia y explica cómo te sentiste.

<u>Ejemplo</u>: *He vivido varias veces en países de habla hispana. La primera vez fue en Argentina, en…*

4 **En parejas** Lee las anécdotas que han vivido estas personas en distintos países y comenta con tu compañero/a qué crees que sucedió.

1 Ana

¿A que no sabes qué me pasó el año pasado cuando estuve en Japón visitando a unos amigos? Pues resulta que un día fuimos a comer a casa de otros amigos y contaron un chiste. Me hizo tanta gracia que me reí abiertamente, a carcajadas. Noté que me miraron extrañados y no sé el motivo.

3 Ayaka y Nori

Pues resulta que mi mujer y yo vivimos diez años en Argentina. Recién llegados al país, unos conocidos aparecieron en nuestra casa por sorpresa: "Hemos venido a visitaros porque seguro que estáis solos y no conocéis a nadie". Nos pareció tan extraño…

2 Víctor

Te voy a contar una cosa que me ocurrió cuando estuve en Tailandia viajando por todo el país. Resulta que un día, en el tren, vi a un niño muy simpático. Le hablé y le hice un gesto cariñoso tocándole la cabeza. Enseguida me di cuenta de que su padre me miró con desconfianza y me puso muy mala cara.

4 Sara y sus amigos

Verás lo que me pasó en mi viaje a la India y Pakistán. El primer día entramos en un restaurante y, como soy zurda, comí con la mano izquierda. Noté que el camarero me miró de una manera extraña.

Contar una anécdota

- Una **anécdota** es un **relato breve** sobre algún acontecimiento **curioso** o **divertido**.
- En la conversación es frecuente introducir la anécdota con expresiones como:
  - **¿Sabes lo que me pasó** ayer/el lunes/el otro día/cuando llegué a…?
  - **Te voy a contar una cosa** que me pasó ayer/el lunes/el otro día/cuando llegué a…
  - **Pues resulta que** ayer/el lunes/el otro día/cuando llegué a…
- El interlocutor contesta con:
  - **¿Qué te pasó?**
  - **Cuenta, cuenta…**
- Y reacciona a lo largo del relato con expresiones como:
  - **¡No me digas!**
  - **¡Qué bien/mal/(buena) suerte/mala suerte…!**
  - **¡Es increíble!**

Recuerda:
En español es necesario ir reaccionando ante lo que narra el interlocutor. El silencio absoluto se interpreta como falta de interés.

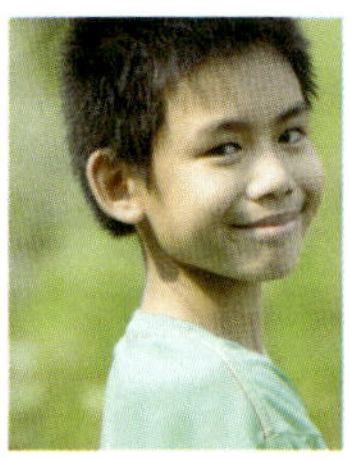

4.1 [22] Ahora escucha las explicaciones que dan estos mediadores culturales y comprueba tus respuestas anteriores.

4.2 **Todo el grupo** ¿Te ha sucedido alguna vez algo similar? Cuéntaselo a tus compañeros. ¿Sabes a qué se debió el malentendido?

4.3 **Todo el grupo** ¿Qué actos pueden causar malentendidos si un extranjero visita tu país?

Ejemplo: *Pues en España, si alguien te regala algo, debes abrirlo inmediatamente y decir que te gusta muchísimo porque, si no, la persona lo puede considerar como un desprecio…*

¡AZÚCAR!

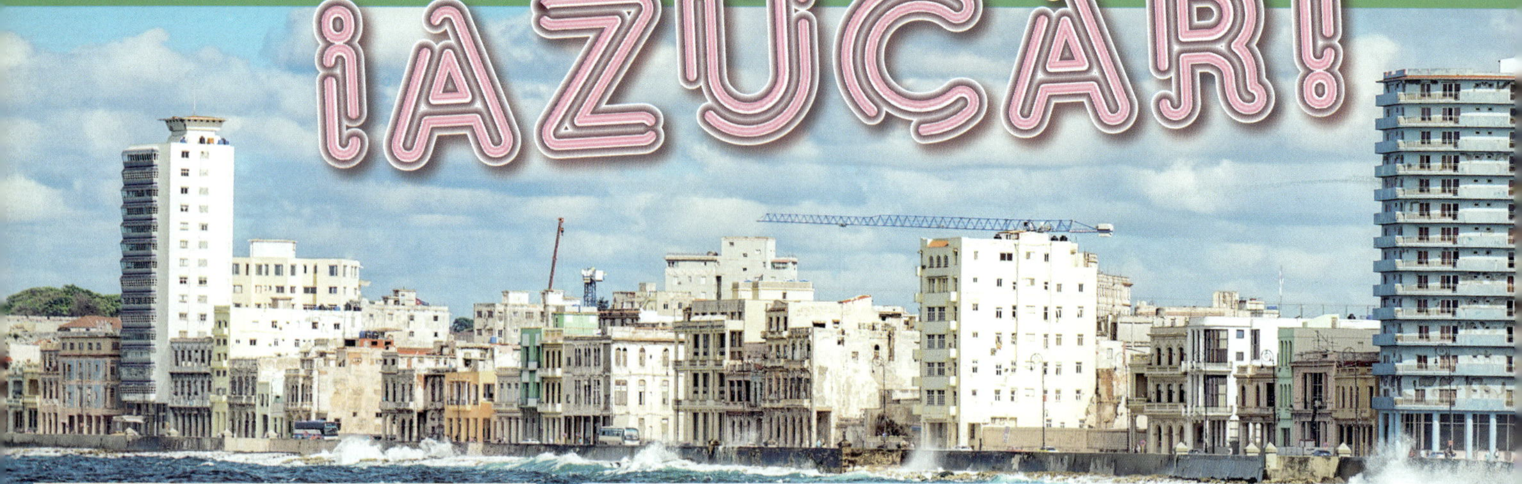

1 **En grupos pequeños** Observa las siguientes fotografías de La Habana. ¿Cómo crees que es? Con tus suposiciones, elige la opción correcta.

1. La Habana es una ciudad **alegre/seria**.
2. Es una ciudad **antigua/moderna**.
3. Sus habitantes son **muy abiertos/reservados**.
4. Es famosa **por su música/por su comida**.
5. Añade otros datos que sabes sobre La Habana.

....

....

....

....

1.1 **En parejas** Eva es una chica española que el año pasado visitó La Habana. Mira las fotos que ha colgado y lo que ha escrito en Instagram.

Eva_instagram

Eva_instagram La Habana es una ciudad maravillosa, uno de esos lugares donde puedes sentir la vida en la calle: las voces de la gente, las bicicletas, las motos, los originales cocotaxis, las guaguas (como se les llama aquí a los autobuses)... Es una ciudad multicultural en la que conviven diferentes razas, además del turismo procedente de todo el mundo: estadounidenses, franceses, alemanes, italianos, españoles...

Ayer estuvimos en La Habana Vieja, el casco antiguo de la ciudad, que se caracteriza por sus calles rectas, los bonitos edificios de la época colonial, sus casas de diferentes colores y los automóviles americanos de los años 40 y 50.

Esta mañana hemos paseado por el Malecón, el paseo marítimo de la ciudad, y ahora vamos a cenar en un *paladar*, una casa particular donde se sirven comidas. La ciudad tiene una vida nocturna muy intensa: cines, teatros, salas de baile, clubs de *jazz*... Lo tiene todo, pero lo que más me gusta es lo simpática y cercana que es su gente, siempre tan alegre, tocando música por las calles y siempre sonriendo.

1.2 **En parejas** ¿Sabes por qué este apartado se llama *Azúcar*? Elige una de estas tres explicaciones.

- ☐ Porque La Habana es famosa por su café con azúcar.
- ☐ Porque Cuba es el primer productor mundial de azúcar.
- ☐ Porque una cantante de salsa introducía en sus canciones el grito de "¡azúcar!".

1.3 [23] Ahora escucha y comprueba tus respuestas anteriores.

1.4 **Todo el grupo** Revisa tus respuestas de la actividad 1. ¿Qué información nueva tienes sobre La Habana? ¿Te gustaría visitar Cuba? ¿Por qué? Justifica tu respuesta.

HOSTAL Babel

Hostal Mabel

Antes del vídeo

1 Observa la imagen y di qué están haciendo Tere y Bea.

2 En este momento, alrededor de las sábanas, Bea le cuenta a Tere la historia del hostal Babel. Relaciona las columnas según tu opinión.

1. ¿De quién era el hostal Babel?	a. Bea.
2. ¿Cuándo se abrió por primera vez este negocio?	b. 2011.
3. ¿Cómo se llamaba el hostal?	c. 15 de mayo de 2016.
4. ¿Cuándo cerró?	d. Mabel.
5. ¿Cuándo se volvió a abrir?	e. 1967.
6. ¿Quién es la dueña del hostal ahora?	f. Los abuelos de Bea.

3 Con la información anterior, completa las frases que explican la historia del hostal.

- El hostal Babel fue de ....
- Se puso el nombre de Mabel porque ....
- Cerró en el año 2011 porque ....
- La dueña actual del hostal es ....

4 **En parejas** Cuéntale la historia a tu compañero/a. ¿Coincidís?

Durante el vídeo

5 Visiona el fragmento 02:04 ▶ 04:09 y comprueba si la historia verdadera del hostal Babel coincide con la tuya.

6 **En parejas** Visiona de nuevo el fragmento anterior, localiza las siguientes frases y explica su significado con tus propias palabras. Luego compara con tu compañero/a. ¿Coincidís?

1. Mis abuelos **heredaron** este edificio de un tío de mi abuela. ....
2. El turismo **se disparó** en España. ....
3. Mis abuelos **sacaron adelante** a la familia. ....
4. La abuela Mabel **se hizo cargo** ella sola del negocio. ....
5. Mi abuela intentó **traspasar** el negocio. ....
6. Estaba un poco cansada de estar **de aquí para allá**. ....

7 **En parejas** Visiona el fragmento 04:38 ▶ final, escribe quién dice estas frases y ordena el diálogo.

a. .... ☐ ¡Sí! ¡Además huelen a superlimpio y están muy suaves!

b. .... ☐ ¡Qué suerte he tenido de encontrar el mejor hostal del mundo! Y además te he conocido a ti, Bea...

c. .... ☐ Sí, así que el 15 de mayo de 2016 abrió sus puertas por primera vez el hostal Babel.

d. .... ☐ ¡Me encanta!

e. .... ☐ Como este hostal...

f. .... ☐ Y le cambiaste el nombre...

g. .... ☐ ¡Qué emocionante!

h. .... ☐ Sí.

i. .... ☐ ¡Uy, ven, que te quiero dar un abrazo!

j. .... ☐ Sí, la verdad es que se conservan muy bien.

k. .... ☐ ¡Gracias! Yo también estoy encantada de tener una huésped como tú, Tere.

l. .... ☐ Sí. Y la primera invitada de honor fue mi abuela Mabel.

m. .... ☐ ¿Entiendes ahora por qué aún conservo estas viejas sábanas?

n. ......*Bea*...... *1* Y decidí convertirlo en un hostal de estudiantes.

8 **Todo el grupo** Visionad de nuevo el fragmento para corregir la actividad anterior. ¿Habéis ordenado correctamente el diálogo? ¿Cómo habéis realizado la actividad?

1. ☐ Recuerdo la historia perfectamente.
2. ☐ Busco las palabras claves de cada intervención.
3. ☐ Ordeno primero las intervenciones.
4. ☐ Marco primero las frases en las que reaccionan y luego me centro en las intervenciones largas.
5. ☐ Otros: ....

Después del vídeo

9 **En parejas** Haz un resumen del capítulo de 120 palabras en tu cuaderno siguiendo estas pautas.

1. Piensa en la idea principal.
2. Selecciona las acciones más importantes.
3. Haz una lista de las ideas principales y secundarias para relacionarlas.
4. Escribe un borrador.
5. Intercambia el borrador con tu compañero/a y comenta el suyo.
6. Escribe la versión final teniendo en cuenta la opinión de tu compañero/a.

10 **Todo el grupo** Ahora piensa en alguna cosa u objeto que has heredado y que tiene un gran valor sentimental para ti. ¿Qué es? Explica su historia a tus compañeros.

Ejemplo: *Yo heredé de mi abuelo un juego de ajedrez. Es muy importante para mí porque fue él quien me enseñó a jugar y ¡con ese ajedrez!*

Evaluación

1 Piensa en cinco palabras que has aprendido en esta unidad relacionadas con la historia y elabora una frase con cada una de ellas.

1. ....
2. ....
3. ....
4. ....
5. ....

2 Escribe el nombre de dos inventos que has estudiado en esta unidad y explica qué han aportado a la vida de las personas.

1. ....
....
....
....
2. ....
....
....
....

3 Escribe tres datos biográficos de Chavela Vargas y de Salvador Dalí.

Chavela Vargas

1. ....
2. ....
3. ....

Salvador Dalí

1. ....
2. ....
3. ....

4 Lee los siguientes marcadores temporales y clasifícalos en la tabla según lo que expresan.

al cabo de dos días | en 1985 | pocos días después | al día siguiente | de... a... | el 23 de mayo

Fecha	Duración de una acción	Relación entre dos momentos

5 Escribe la tercera persona del singular y del plural del pretérito indefinido de los siguientes verbos.

Elegir	Morir	Caer	Oír
....	....	....	....
....	....	....	....

6 Elige la opción correcta.

1. ¿Has visto mi abrigo? ....
   a. La semana pasada.
   b. Hoy.
2. Bailaron muchísimo. ....
   a. En la fiesta de esta noche.
   b. En la fiesta del fin de semana pasado.
3. He conocido a Alberto. ....
   a. Esta semana.
   b. El mes pasado.
4. Ana no dijo nada. ....
   a. Esta mañana.
   b. Ayer.
5. Han comprado toda la comida. ....
   a. Para la cena de esta noche.
   b. Para la cena de ayer.
6. Viajó a Tailandia. ....
   a. El verano pasado.
   b. Este mes.

7 Escucha la biografía de Celia Cruz y completa con la información correcta.

[24]

1. .... a estudiar Magisterio, pero no se ....
2. Los primeros años .... en algunas orquestas y .... en espectáculos de teatro.
3. Desde 1960 .... en Estados Unidos, donde .... en julio de 2003.
4. Siempre .... y .... sus conciertos gritando: "¡azúcar!".
5. Los 5 premios Grammy .... los premios más importantes que ....

8 Forma frases relacionando las dos columnas.

1. Celia Cruz nació...
2. Abandonó los estudios de Magisterio...
3. Cantó en una de las orquestas...
4. Celia Cruz fue famosa...
5. Durante su carrera artística...

a. por ser la reina de la salsa.
b. recibió muchos premios.
c. y entró en el Conservatorio Nacional de Cuba.
d. en La Habana en 1925.
e. más famosas antes de la Revolución.

9 Responde a las siguientes preguntas sobre La Habana.

1. ¿Cómo se les llama a los autobuses en Cuba? ....
2. ¿Qué es un *paladar*? ....
3. ¿Cómo se llama el paseo marítimo de La Habana? ....
4. ¿Cómo se llama el casco antiguo de La Habana? ....
5. ¿Qué caracteriza a la vida nocturna de La Habana? ....
6. Describe La Habana con tres palabras: ....

Apéndices

Pronunciación y ortografía

Ficha 1 El punto y la coma

1 Lee atentamente el siguiente texto. ¿Te resulta fácil de entender? ¿Por qué?

La Villa de Bilbao cuenta con unos siete metros cuadrados de espacios verdes por habitante en ellos, destaca la calidad de los espacios deportivos y su buena conservación los jardines de Bilbao aparecen reflejados como los mejor equipados de todas las ciudades nacionales analizadas en el estudio
Con casi 100 años de historia, el principal parque de la Villa, el Parque de Doña Casilda, es una obra de estilo romántico que cuenta con 85 200 metros cuadrados de extensión tiene un precioso estanque con patos, un tiovivo de estilo clásico, dos canchas de baloncesto, una fuente, un escenario para actuaciones (La Pérgola) y la cafetería del Museo de Bellas Artes entre las esculturas que rodean el parque destaca una del escultor vasco Eduardo Chillida

1.1 Lee la información y completa el texto anterior con los puntos que faltan.

El uso del punto

Se escribe punto para marcar el final de un enunciado. Hay tres tipos de punto:

- El **punto y seguido**, que separa oraciones dentro del mismo párrafo.
- El **punto y aparte**, que separa párrafos en un mismo texto.
- El **punto final**, que señala el cierre de un texto.

Fíjate: Después de punto se escribe siempre con mayúscula.

2 Escribe una lista de lo que llevas en la mochila. ¿Qué signo de puntuación utilizas?

El uso de la coma

- La coma sirve para **separar** determinados elementos en el interior de un enunciado. Se usa la coma:
  - Para **las enumeraciones**, entre los elementos que no están separados por *y, ni, o*: *Un cuaderno, una mesa, una silla y una pizarra.*
  - Detrás de **marcadores** como *por último, es decir, por tanto, sin embargo, además...*
  - Para introducir una **aclaración**: *Pepe, **el chico que está allí**, es muy simpático.*
  - Después del **vocativo**: ***Niños**, venid a comer, por favor.*
  - Cuando se **invierte** el **orden lógico** de una oración: ***Con tantas prisas**, no vas a hacer bien los deberes.*
- Con ciertas palabras ***(también, a veces, ya que...)***, existe la posibilidad de usar coma o no:
  ***A veces**, dice cosas interesantes.* ***A veces** dice cosas interesantes.*

3 **En parejas** A continuación tenéis unas frases en las que, según la colocación de la coma, varía el significado. Puntuadlas de dos formas diferentes y explicad qué significan.

Ejemplo: *No es verdad.* › Significa que es falso. *No, es verdad.* › Significa que es verdadero.

1. Vamos a comer niños. Significa ....
2. Vamos a comer niños. Significa ....
3. ¡No tenga piedad! Significa ....
4. ¡No tenga piedad! Significa ....
5. No sé bailar bien lo sabes. Significa ....
6. No sé bailar bien lo sabes. Significa ....

Ficha 2 Contraste de los sonidos /n/ y /ñ/. Los sonidos /ch/ y /y/. Los dígrafos *ch* y *ll*. Las letras *y*/*ll*

1 [46] **Escucha y repite las siguientes palabras, que contienen los sonidos /n/ y /ñ/.**

- número
- nadie
- noche
- nunca
- nieva
- pierna
- enero
- cañón
- uña
- buñuelo
- niño
- España
- eñe
- cariñoso

> Fíjate:
> La ***ñ*** es una letra que existe en pocas lenguas, como el español. ¿Existe un sonido parecido en tu lengua? ¿Con qué letra o letras se representa?

2 [47] **La *ch* es un dígrafo formado por las letras *c* + *h*. Escucha y repite las siguientes palabras, que contienen el sonido /ch/.**

- achaque
- churro
- sándwich
- chaqueta
- chorizo
- cheque
- abrocho

3 [48] **Escucha y repite las siguientes palabras, que contienen el sonido /y/.**

- ayuno
- lluvia
- yerma
- llave
- allí
- huyo
- sello

El sonido /y/ y las letras *y*/*ll*

- El sonido /y/ se escribe con ***y*** (ye/i griega) o ***ll*** (elle). La ***ll*** es un dígrafo formado por ***l*** + ***l***.
- La ***y*** es una letra que corresponde a dos sonidos, **consonante** /y/ o **vocal** /i/: *raya, rey.*

> Fíjate:
> /ll/ es un sonido ligeramente distinto de /y/, pero solo en algunas zonas de España e Hispanoamérica se hace la diferencia. Es un fenómeno minoritario.

4 **A continuación aparecen varias palabras que llevan *y* o *ll*. Lee el cuadro que explica las reglas de uso de estas grafías y coloca las palabras en su lugar correspondiente.**

- concluyo
- cayeran
- adyacente
- estoy
- mesilla
- apabullar
- proyección
- reyes
- brillo
- soy

Las letras *y*/*ll*

- Se escriben con ***y***:
  - Las palabras que terminan con el sonido **/i/ precedido de una vocal** con la que forma **diptongo**, o de dos vocales con las que forma **triptongo**: *ay, rey, Uruguay, buey, ley,* [1] ...., *convoy,* [2] ...., *muy.*
  - Las palabras en las que el sonido /y/ sigue a los prefijos ***ad-***, ***dis-*** y ***sub-***: [3] ...., *disyuntivo, subyacer.*
  - Algunas formas de los verbos ***caer, creer, ir, leer, poseer*** y ***proveer***, y de los verbos acabados en ***-oír*** y ***-uir***: [4] ...., *leyendo, oyó,* [5] ....
  - Las palabras que contienen la sílaba ***-yec-***: *abyecto,* [6] ...., *inyectar.*
  - Los plurales de los nombres que terminan en ***-y*** en singular: *rey/*[7] ....
- Se escriben con ***ll***:
  - Las palabras terminadas en ***-illa*** e ***-illo***: [8] ...., [9] ....
  - La mayor parte de los verbos terminados en ***-illar, -ullar*** y ***-ullir***: [10] ...., *bullir.*

5 **Ahora completa estas palabras con *y* o *ll*, según las normas ortográficas que has estudiado.**

1. mu ...... ido	5. sub ...... acer	9. o ...... ó	13. le ...... es	17. cepi ...... o
2. convo	6. dis ...... untiva	10. tra ...... ectoria	14. aú ...... a	18. ad ...... acente
3. Paragua	7. le ...... ó	11. pro ...... ecto	15. bue ...... es	19. pasi ...... o
4. mesi ...... a	8. chi ...... ó	12. in ...... ección	16. ...... endo	20. ca ...... eron

Ficha 3 Contraste de los sonidos /p/ y /b/. Las letras *b/v*

1 [49] **Escucha y repite las siguientes palabras con el sonido /p/.**

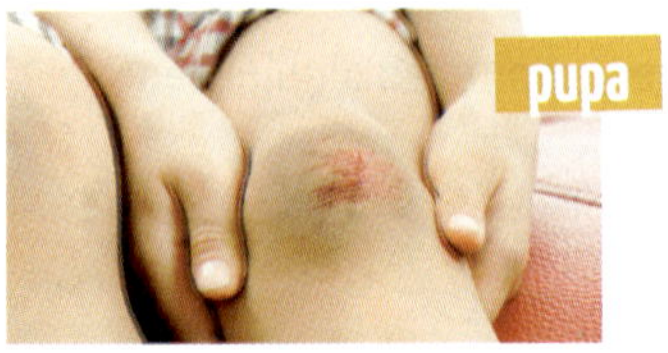

- pala
- pepino
- polo
- pupa
- apuntar
- pleno
- prisa
- plomo
- preso
- plano
- puerta
- copito

2 [50] **Escucha y repite las siguientes palabras con el sonido /b/.**

- vela
- tuvo
- visado
- bruma
- absurdo
- bola
- haba
- broma
- tubo
- había
- blusa
- bala
- bueno
- abuela

Las letras *b/v*

- En español, las letras *b* y *v* representan el mismo sonido, es decir, se pronuncian igual. Es necesario conocer las palabras para saber si se escriben con *b* o con *v*, pues no se pueden distinguir mediante la pronunciación.
- En algunos casos escribir una u otra letra puede cambiar el significado de la palabra; por ejemplo, en el caso de *baca/vaca*.

3 [51] **David es un chico del Reino Unido que está estudiando español en Valencia. Ha publicado en Facebook comentarios de un viaje que ha hecho por España. Escucha y completa las palabras que faltan en el texto.**

facebook

David Smith ha compartido una publicación.
1 hora ·

¡Me encanta este país! He hecho un viaje por toda España y estoy muy feliz. Os voy a contar mis aventuras aquí. He conocido a gente muy interesante y he visitado lugares increíbles: las ciudades de [1] ...., [2] .... y [3] .... en el interior y, en la costa cantábrica, [4] .... y San [5] .... He hecho senderismo por los [6] .... y de ahí he llegado a [7] .... Me ha gustado muchísimo ver la obra de Gaudí. También he ido en barco por las islas [8] .... hasta llegar a [9] ...., una isla muy bella. He viajado por Andalucía y he visto [10] .... y sus maravillosos patios árabes, y [11] ...., en [12] ...., donde comí el famoso pescaíto frito. De vuelta a casa, visité las playas de [13] .... y [14] ...., ¡y me comí una estupenda paella! Venid a España, ¡es maravillosa!

Me gusta · Comentar · Compartir

Ficha 4 Contraste de los sonidos /t/ y /d/

1 Vas a escuchar dos series de palabras. La primera contiene palabras con /t/ y la segunda, palabras con /d/. Repite después de cada palabra.

[52]

Palabras con /t/		Palabras con /d/	
• taba	• roto	• daba	• coged
• tía	• aceituna	• sed	• dado
• toro	• dátil	• además	• duro
• puerta	• aceptar	• dolor	• abedul
• tuna	• atinar	• adivino	• Madrid
• tema	• aceite	• deuda	• diablo
• antena	• abierta	• abordo	• conducir

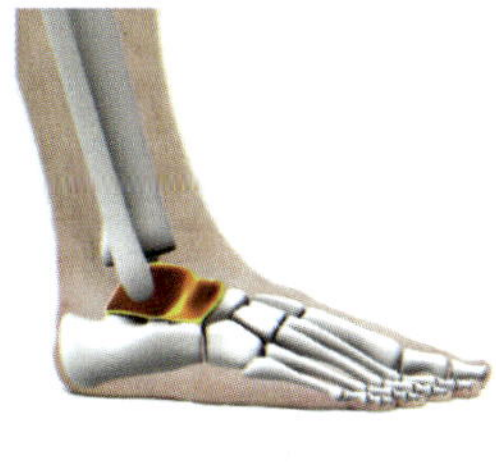
astrágalo o taba

tuna

dado

abedul

2 Escucha y escribe estas palabras según su orden de aparición en el audio.

[53]

dedal | gordo | taco | dato | tú | Madrid | duna | corto | acorde

1.	6.	11. puerta	16. adivinar
2. día	7. toro	12. ayuda	17.
3. timo	8. don	13. meter	18.
4.	9.	14.	19. actúa
5. tema	10.	15. tino	20.

3 Marca la palabra del par que escuches.

[54]

☐ dé / ☐ té	☐ domo / ☐ tomo	☐ rada / ☐ rata	☐ codo / ☐ coto
☐ dos / ☐ tos	☐ domar / ☐ tomar	☐ saldo / ☐ salto	☐ tienda / ☐ tienta
☐ duna / ☐ tuna	☐ día / ☐ tía	☐ soldado / ☐ soltado	☐ seda / ☐ seta

4 **En grupos pequeños** Formad grupos de tres y leed estos dos trabalenguas. Ahora, intentad repetirlos. Gana el que consiga repetirlos correctamente en el menor tiempo posible.

Ficha 5 Contraste de los sonidos /z/ y /s/. El ceceo y el seseo. Las letras *c/z*

1 [55] Escucha y repite estas dos series de palabras, la primera con el sonido /z/ y la segunda con el sonido /s/.

azteca

Palabras con /z/	
• zurdo	• zinc
• zapato	• doce
• celeste	• zen
• azteca	• cine
• zoo	• pez
• rizado	• azul
• rozo	• ácido
• cera	

Palabras con /s/	
• sala	• sed
• vestido	• pulsar
• rosas	• sí
• aseo	• suelo
• beso	• pescado
• tres	• soy
• sol	• musgo
• mismo	

musgo

2 [56] Marca la palabra del par que escuches.

☐ seta / ☐ zeta ☐ poso / ☐ pozo ☐ sebo / ☐ cebo ☐ risa / ☐ riza

☐ masa / ☐ maza ☐ sumo / ☐ zumo ☐ cosido / ☐ cocido ☐ os / ☐ hoz

☐ Asia / ☐ hacia ☐ sueco / ☐ zueco

3 [57] Vas a escuchar un mensaje de Susana, una chica de Cádiz, que llama a César, su amigo de Canarias, y la contestación de este. ¿Hay alguna diferencia entre la pronunciación de Susana y la de César?

Ceceo y seseo

- El **ceceo** consiste en pronunciar la *s* con sonido similar al de la *z*. Cecean en algunas zonas de Andalucía, especialmente en Cádiz, Sevilla y Huelva.
- El **seseo** consiste en pronunciar la *z* o la *c* (ante *e, i*) como *s*. Sesean en algunas zonas de Andalucía, en Canarias y en Hispanoamérica.

4 Aquí tienes una adivinanza que contiene el sonido /z/. Léela detenidamente y completa las reglas ortográficas que tienes a continuación utilizando como ejemplos las palabras de la adivinanza.

Soy muy dulce, tanto o más que el azúcar. Me gusta poner zancadillas a los que cazan ciervos. Estoy en brazos, pinzas o pezuñas. ¿Qué soy?

Las letras *c/z*

- Normalmente, se escribe *c* (con sonido /z/) ante las vocales *e/i*: ....
- Se escribe *z* ante las vocales *a/o/u*: ....
- En las palabras con *-cc-* (*acción, dirección*), la primera *c* se pronuncia /k/ y la segunda se pronuncia /z/: *acción* /akzión/, *dirección* /direkzión/.

Tabla de verbos

Pretérito perfecto de indicativo

Verbos regulares

1.ª conjugación -AR CANTAR	2.ª conjugación -ER COMER	3.ª conjugación -IR VIVIR
he cantado	**he** comido	**he** vivido
has cantado	**has** comido	**has** vivido
ha cantado	**ha** comido	**ha** vivido
hemos cantado	**hemos** comido	**hemos** vivido
habéis cantado	**habéis** comido	**habéis** vivido
han cantado	**han** comido	**han** vivido

Participios irregulares

abrir › **abierto**	escribir › **escrito**	poner › **puesto**	romper › **roto**
cubrir › **cubierto**	hacer › **hecho**	prever › **previsto**	satisfacer › **satisfecho**
decir › **dicho**	imprimir › **impreso, imprimido**	resolver › **resuelto**	ver › **visto**
descubrir › **descubierto**	morir › **muerto**	revolver › **revuelto**	volver › **vuelto**

Pretérito indefinido

Verbos regulares

1.ª conjugación -AR CANTAR	2.ª conjugación -ER COMER	3.ª conjugación -IR VIVIR
canté	comí	viví
cantaste	comiste	viviste
cantó	comió	vivió
cantamos	comimos	vivimos
cantasteis	comisteis	vivisteis
cantaron	comieron	vivieron

Verbos con cambios gráficos

- **C › QU**

Buscar	Pescar
bus**qué**	pes**qué**
buscaste	pescaste
buscó	pescó
buscamos	pescamos
buscasteis	pescasteis
buscaron	pescaron

- **G › GU**

Jugar	Pegar
ju**gué**	pe**gué**
jugaste	pegaste
jugó	pegó
jugamos	pegamos
jugasteis	pegasteis
jugaron	pegaron

- **Z › C**

Comenzar	Empezar
comen**cé**	empe**cé**
comenzaste	empezaste
comenzó	empezó
comenzamos	empezamos
comenzasteis	empezasteis
comenzaron	empezaron

Verbos irregulares

Verbos irregulares en la raíz verbal

Andar	Caber	Estar	Haber	Hacer	Poder
anduve	**cupe**	**estuve**	**hube**	**hice**	**pude**
anduviste	**cupiste**	**estuviste**	**hubiste**	**hiciste**	**pudiste**
anduvo	**cupo**	**estuvo**	**hubo**	**hizo**	**pudo**
anduvimos	**cupimos**	**estuvimos**	**hubimos**	**hicimos**	**pudimos**
anduvisteis	**cupisteis**	**estuvisteis**	**hubisteis**	**hicisteis**	**pudisteis**
anduvieron	**cupieron**	**estuvieron**	**hubieron**	**hicieron**	**pudieron**

Poner	Querer	Saber	Tener	Venir
puse	**quise**	**supe**	**tuve**	**vine**
pusiste	**quisiste**	**supiste**	**tuviste**	**viniste**
puso	**quiso**	**supo**	**tuvo**	**vino**
pusimos	**quisimos**	**supimos**	**tuvimos**	**vinimos**
pusisteis	**quisisteis**	**supisteis**	**tuvisteis**	**vinisteis**
pusieron	**quisieron**	**supieron**	**tuvieron**	**vinieron**

Fíjate:
En este grupo de verbos también cambia el acento habitual del pretérito indefinido:
~~quisé~~ › quise
~~tuvó~~ › tuvo

Los verbos que tienen *j* en la raíz verbal pierden la *i* en la tercera persona del plural:

Conducir	Decir	Traducir	Traer
conduje	**dije**	**traduje**	**traje**
condujiste	**dijiste**	**tradujiste**	**trajiste**
condujo	**dijo**	**tradujo**	**trajo**
condujimos	**dijimos**	**tradujimos**	**trajimos**
condujisteis	**dijisteis**	**tradujisteis**	**trajisteis**
condujeron	**dijeron**	**tradujeron**	**trajeron**

Verbos irregulares en la tercera persona

- **E › I**

Divertirse	Elegir	Impedir	Medir	Mentir	Pedir
me divertí	elegí	impedí	medí	mentí	pedí
te divertiste	elegiste	impediste	mediste	mentiste	pediste
se div**i**rtió	el**i**gió	imp**i**dió	m**i**dió	m**i**ntió	p**i**dió
nos divertimos	elegimos	impedimos	medimos	mentimos	pedimos
os divertisteis	elegisteis	impedisteis	medisteis	mentisteis	pedisteis
se div**i**rtieron	el**i**gieron	imp**i**dieron	m**i**dieron	m**i**ntieron	p**i**dieron

Reír	Repetir	Seguir	Sentir	Servir	Sonreír
reí	repetí	seguí	sentí	serví	sonreí
reíste	repetiste	seguiste	sentiste	serviste	sonreíste
r**i**o	rep**i**tió	s**i**guió	s**i**ntió	s**i**rvió	sonr**i**ó
reímos	repetimos	seguimos	sentimos	servimos	sonreímos
reísteis	repetisteis	seguisteis	sentisteis	servisteis	sonreísteis
r**i**eron	rep**i**tieron	s**i**guieron	s**i**ntieron	s**i**rvieron	sonr**i**eron

Fíjate:
Todos los verbos de este grupo son de la tercera conjugación *(-ir)*.

- **O > U**

Dormir	Morir
dormí	morí
dormiste	moriste
durmió	murió
dormimos	morimos
dormisteis	moristeis
durmieron	murieron

Fíjate:
Esta irregularidad solo la tienen los verbos *dormir* y *morir*.

- **I > Y**

Caer	Concluir	Construir	Contribuir	Creer
caí	concluí	construí	contribuí	creí
caíste	concluiste	construiste	contribuiste	creíste
cayó	concluyó	construyó	contribuyó	creyó
caímos	concluimos	construimos	contribuimos	creímos
caísteis	concluisteis	construisteis	contribuisteis	creísteis
cayeron	concluyeron	construyeron	contribuyeron	creyeron

Destruir	Huir	Leer	Oír	Sustituir
destruí	hui	leí	oí	sustituí
destruiste	huiste	leíste	oíste	sustituiste
destruyó	huyó	leyó	oyó	sustituyó
destruimos	huimos	leímos	oímos	sustituimos
destruisteis	huisteis	leísteis	oísteis	sustituisteis
destruyeron	huyeron	leyeron	oyeron	sustituyeron

Verbos con irregularidades propias

Dar	Ir/Ser
di	fui
diste	fuiste
dio	fue
dimos	fuimos
disteis	fuisteis
dieron	fueron

Recuerda:
Las formas de los verbos *ir* y *ser* coinciden en pretérito indefinido. Solo se distinguen por el contexto en que aparecen.

Pretérito imperfecto de indicativo

Verbos regulares

1.ª conjugación -AR CANTAR	2.ª conjugación -ER COMER	3.ª conjugación -IR VIVIR
cantaba	comía	vivía
cantabas	comías	vivías
cantaba	comía	vivía
cantábamos	comíamos	vivíamos
cantabais	comíais	vivíais
cantaban	comían	vivían

Verbos irregulares

Ser	Ir	Ver
era	iba	veía
eras	ibas	veías
era	iba	veía
éramos	íbamos	veíamos
erais	ibais	veíais
eran	iban	veían

Futuro simple de indicativo

Verbos regulares

1.ª conjugación -AR CANTAR	2.ª conjugación -ER COMER	3.ª conjugación -IR VIVIR
cantaré	comeré	viviré
cantarás	comerás	vivirás
cantará	comerá	vivirá
cantaremos	comeremos	viviremos
cantaréis	comeréis	viviréis
cantarán	comerán	vivirán

Verbos irregulares

Caber	Decir	Haber	Hacer	Poder	Poner
cabré	diré	habré	haré	podré	pondré
cabrás	dirás	habrás	harás	podrás	pondrás
cabrá	dirá	habrá	hará	podrá	pondrá
cabremos	diremos	habremos	haremos	podremos	pondremos
cabréis	diréis	habréis	haréis	podréis	pondréis
cabrán	dirán	habrán	harán	podrán	pondrán

Querer	Saber	Salir	Tener	Valer	Venir
querré	sabré	saldré	tendré	valdré	vendré
querrás	sabrás	saldrás	tendrás	valdrás	vendrás
querrá	sabrá	saldrá	tendrá	valdrá	vendrá
querremos	sabremos	saldremos	tendremos	valdremos	vendremos
querréis	sabréis	saldréis	tendréis	valdréis	vendréis
querrán	sabrán	saldrán	tendrán	valdrán	vendrán

Presente de subjuntivo

Verbos regulares

1.ª conjugación -AR CANTAR	2.ª conjugación -ER COMER	3.ª conjugación -IR VIVIR
cante	coma	viva
cantes	comas	vivas
cante	coma	viva
cantemos	comamos	vivamos
cantéis	comáis	viváis
canten	coman	vivan

Verbos irregulares

Irregularidades vocálicas

- **E > IE (verbos en -AR y -ER)**

Comenzar	Otros verbos
comience	calentar, cerrar, despertarse, negar, pensar...
comiences	
comience	
comencemos	
comencéis	
comiencen	

Entender	Otros verbos
entienda	encender, perder, querer, tender...
entiendas	
entienda	
entendamos	
entendáis	
entiendan	

- **E > IE + E > I (verbos en -IR)**

Mentir	Otros verbos
mienta	convertir, divertirse, herir, invertir, sentir, sugerir...
mientas	
mienta	
mintamos	
mintáis	
mientan	

- **O > UE (verbos en -AR y -ER)**

Soñar	Poder	Otros verbos
sueñe	pueda	acordarse, acostarse, contar, soler, volver...
sueñes	puedas	
sueñe	pueda	
soñemos	podamos	
soñéis	podáis	
sueñen	puedan	

- **O > UE + O > U**

Dormir	Otros verbos
duerma	morir
duermas	
duerma	
durmamos	
durmáis	
duerman	

- **U > UE**

Jugar
juegue
juegues
juegue
juguemos
juguéis
jueguen

- **E > I**

Pedir	Otros verbos
pida	elegir, reírse, repetir, servir, vestirse...
pidas	
pida	
pidamos	
pidáis	
pidan	

- **I > Y**

Construir	Otros verbos
construya	concluir, contribuir, destruir, huir...
construyas	
construya	
construyamos	
construyáis	
construyan	

Verbos con la primera persona irregular en presente de indicativo

- **Verbos en -ZC-** ***(conduzco, conozco, obedezco, produzco, traduzco)***

Conducir	Conocer	Obedecer	Producir	Traducir
condu**zc**a	cono**zc**a	obede**zc**a	produ**zc**a	tradu**zc**a
condu**zc**as	cono**zc**as	obede**zc**as	produ**zc**as	tradu**zc**as
condu**zc**a	cono**zc**a	obede**zc**a	produ**zc**a	tradu**zc**a
condu**zc**amos	cono**zc**amos	obede**zc**amos	produ**zc**amos	tradu**zc**amos
condu**zc**áis	cono**zc**áis	obede**zc**áis	produ**zc**áis	tradu**zc**áis
condu**zc**an	cono**zc**an	obede**zc**an	produ**zc**an	tradu**zc**an

Otros verbos

agradecer, crecer, desaparecer, nacer, ofrecer, parecer, reducir...

- **Otros verbos irregulares en la primera persona** ***(caigo, digo, hago, oigo, pongo, salgo, tengo, traigo, valgo, vengo)***

Caer	Decir	Hacer	Oír	Poner
caiga	**diga**	**haga**	**oiga**	**ponga**
caigas	**digas**	**hagas**	**oigas**	**pongas**
caiga	**diga**	**haga**	**oiga**	**ponga**
caigamos	**digamos**	**hagamos**	**oigamos**	**pongamos**
caigáis	**digáis**	**hagáis**	**oigáis**	**pongáis**
caigan	**digan**	**hagan**	**oigan**	**pongan**

Salir	Tener	Traer	Valer	Venir
salga	**tenga**	**traiga**	**valga**	**venga**
salgas	**tengas**	**traigas**	**valgas**	**vengas**
salga	**tenga**	**traiga**	**valga**	**venga**
salgamos	**tengamos**	**traigamos**	**valgamos**	**vengamos**
salgáis	**tengáis**	**traigáis**	**valgáis**	**vengáis**
salgan	**tengan**	**traigan**	**valgan**	**vengan**

Verbos con irregularidades propias

Haber	Ir	Saber	Ser	Ver
haya	**vaya**	**sepa**	**sea**	**vea**
hayas	**vayas**	**sepas**	**seas**	**veas**
haya	**vaya**	**sepa**	**sea**	**vea**
hayamos	**vayamos**	**sepamos**	**seamos**	**veamos**
hayáis	**vayáis**	**sepáis**	**seáis**	**veáis**
hayan	**vayan**	**sepan**	**sean**	**vean**

Verbos con cambios gráficos

• G › J	• C › Z	• Z › C	• GU › G	• G › GU	• C › QU
Coger	**Convencer**	**Cazar**	**Distinguir**	**Investigar**	**Tocar**
co**j**a	conven**z**a	ca**c**e	distin**g**a	investi**gu**e	to**qu**e
co**j**as	conven**z**as	ca**c**es	distin**g**as	investi**gu**es	to**qu**es
co**j**a	conven**z**a	ca**c**e	distin**g**a	investi**gu**e	to**qu**e
co**j**amos	conven**z**amos	ca**c**emos	distin**g**amos	investi**gu**emos	to**qu**emos
co**j**áis	conven**z**áis	ca**c**éis	distin**g**áis	investi**gu**éis	to**qu**éis
co**j**an	conven**z**an	ca**c**en	distin**g**an	investi**gu**en	to**qu**en

Dar
dé
des
dé
demos
deis
den

Fíjate:
El verbo *dar* lleva una tilde diacrítica en la primera y tercera personas del singular para que no se confunda con la preposición *de*.

Estar
est**é**
est**é**s
est**é**
estemos
est**é**is
est**é**n

Fíjate:
El verbo *estar* cambia la sílaba tónica habitual del presente de subjuntivo en todas las personas del singular y la tercera del plural.

Glosario

	En mi lengua
A	
Abrazo, el	
Accidente, el	
Acera, la	
Acogedor/a	
Actualmente	
Acumular	
Afortunado/a	
Agua (mineral), el	
Aire, el	
Ajedrez, el	
Ajo, el	
Al cabo de	
Albergue, el	
Alojarse	
Ambiente, el	
Ancestro, el	
Animalista	
Anoche	
Anteayer	
Antiguo/a	
Anuncio, el	
Aparcar	
Aplicación, la	
Aprovechar	
Apuntar	
Apuntarse	
Arena, la	
Arroz, el	
Asesorar	
Aspecto, el	
Aurora, la	
B	
Balsa, la	
Banderín, el	
Bañador, el	
Basílica, la	
Beca, la	
Belleza, la	
Bello/a	
Biografía, la	
Bolsa, la	
Bombilla, la	
Borrar	
Bosque, el	
Botella, la	
Broma, la	
Bromista	
Buceo, el	
Buscar	
¡Buen provecho!	
¡Buen viaje!	
C	
Calidad, la	
Callejón, el	
Calma, la	
Calor, el	
Cancha, la	
Carcajada, la	
Cartel, el	
Casarse	
Castillo, el	
Cebolla, la	
Celebrar	
Charla, la	
Chatear	
Chiste, el	
Ciclo, el	
Cilíndrico/a	
Circuito, el	
Cocina, la	
Cocinar	
Compartir	
Completo/a	
Compra, la	
Comprar	
Concentración, la	
Conocer	
Conservatorio, el	
Consola, la	
Contabilidad, la	
Contemplar	
Contrargumentar	
Contraseña, la	
Contratar	
Copa, la	
Copiar	
Corridas de toros, las	
Corriente	
Cortar	
Costumbre, la	
Creativo/a	
Cubo, el	
Cuchara, la	
Cuchillo, el	
Cultura, la	
D	
Dado, el	
Datos, los	
Década, la	
Decorar	
Deportivo/a	
Desarrollarse	
Descanso, el	
Descargar	
Desconectar	
Desconfianza, la	
Descubrimiento, el	
Descubrir	
Desechable	
Desechar	
Desesperación, la	
Desierto, el	
Dimensión, la	
Dinámico/a	
Discapacidad, personas con	
Disciplina, la	
Diseñar	
Disfrutar	
Dispararse	
Disperso/a	
Dispositivo, el	
Diversión, la	
Divertirse	
Dominar	
Dosis, la	
Dueño/a, el/la	
Dulces, los	
Duración, la	
Duro/a	
E	
Embutido, el	

	En mi lengua
Emocionante	
Enamorarse	
Encanto, el	
Encargarse	
¡Enhorabuena!	
Enlace, el	
Enseguida	
Enterarse	
Envidia, la	
Época, la	
Equipaje, el	
Equipo, el	
Equivaler	
Escalada, la	
Escenario, el	
Escultórico/a	
Especie, la	
Espectáculo, el	
Espiritual	
Estatua, la	
Estrategia, la	
Estrella, la	
Etnia, la	
Éxito, el	
Experiencia, la	

F

	En mi lengua
Facturar	
Fantasma, el	
Fantástico/a	
Fascinante	
Federación, la	
Ficha, la	
Fiordo, el	
Físico/a	
Frecuencia, la	
Fregar	
Frío, el	
Frío/a	
Frontera, la	
Frontón, el	
Fuerza, la	

G

	En mi lengua
Gas, con/sin	
Gastronomía, la	
Gigante, el/la	
Gigantesco/a	
Gimnasia, la	
Gimnasio, el	
Globo, el	
Goma, la	
Guardar	
Guía de viaje, la	
Guirnalda, la	
Guitarra, la	

H

	En mi lengua
Habitante, el/la	
Helado, el	
Heredar	
Hielo, con/sin	
Humanidad, la	

I

	En mi lengua
Iglesia, la	
Iglú, el	
Impartir	
Imprenta, la	
Imprescindible	
Impresión, la	
Impresora, la	
Imprimir	
Inaugurar	
Indígena (adj.)	
Infancia, la	
Infantil	
Infusión, la	
Inquilino/a, el/la	
Inscribirse	
Inspirar	
Instrumento, el	
Interactuar	
Intercambio, el	
Intervención, la	
Invento, el	
Inventor/a, el/la	
Invierno, el	

J

	En mi lengua
Jabón, el	
Jamás	
Jamón, el	
Jardín, el	
Joya, la	

L

	En mi lengua
Lechuga, la	
León/leona, el/la	
Libre	
Limpiar	
Lluvia, la	
Local (adj.)	
Longitud, la	
Lugar, el	
Luna, la	

M

	En mi lengua
Mantener	
Manzana, la	
Mar, el	
Maravilla, la	
Matrimonio, el	
Mediodía, el	
Medir	
Mencionar	
¡Menos mal!	
Mental	
Mientras	
Modalidad, la	
Modernista	
Molestar	
Monasterio, el	
Moño, el	
Moraleja, la	
Morir	
Motivo, el	
Móvil, el	
Multicultural	
Mundial	
Mundo, el	
Muro, el	
¡Muy bien!	

N

	En mi lengua
Nacer	
Naranja, la	
Natural	

	En mi lengua
Naturaleza, la	
Navegador, el	
Navegar	
Negativo/a	
Negocio, el	
¡No me digas!	
Norte, el	
Notar	
Noticia, la	
Novela, la	
Novio/a, el/la	
Nunca	
O	
Objetivo, el	
Océano, el	
Ocre	
Ombligo, el	
Opinión, la	
Orden, la	
Ordenador, el	
Oreja, la	
Organizar	
Origen, el	
Orilla, la	
P	
Pagar	
Página web, la	
Paisaje, el	
Pantalla, la	
Papel, el	
Parchís, el	
Paseo marítimo, el	
Paso, el	
Pasta, la	
Pastel, el	
Pegar (un documento)	
Pelota, la	
Periodo, el	
Personaje, el	
Pesquero/a	
Piñata, la	
Piscina, la	
Planeta, el	
Planta, la	
Plátano, el	
Plato, el	
Playa, la	
Poncho, el	
Poner mala cara	
Portátil, el	
Potencial	
Practicar	
Premio, el	
Producir	
Producto, el	
Programa, el	
Propuesta, la	
Protagonista, el/la	
Proteger	
Proyectar	
Puerta, la	
Puntualizar	
Q	
¡Qué alivio!	
¡Que aproveche!	
Quejarse	
Queso, el	
Quizá(s)	
R	
Raro/a	
Raza, la	
Realizar	
Recuerdo, el	
Red social, la	
Refrescante	
Refresco, el	
Refugio, el	
Regalar	
Regalo, el	
Registrarse	
Reservar	
Resistencia, la	
Respiración, la	
Rincón, el	
Ritmo, el	
Roca, la	
Rostro, el	
S	
Sábana, la	
Safari, el	
Salón, el	
Sauna, la	
Separar	
Serie, la	
Servicio, el	
Servilleta, la	
Sierra, la (ref. a la montaña)	
Siesta, la	
Sigla, la	
Siglo, el	
Social	
Sociedad, la	
Sol, el	
Solidaridad, la	
Solidario/a	
Solitario/a	
Solo/a	
Sombrero, el	
Son, el	
Sonreír	
Sorprender	
Suave	
Subir (a la red)	
Suceso, el	
Sucio/a	
¡(Buena/Mucha) Suerte!	
Suplicar	
Sur, el	
T	
Tablero, el	
Tapas, las	
Teclado, el	
Tenedor, el	
Tener en cuenta	
Tener (muchas) ganas de	
Teñirse	
Terror, el	
Tierra, la	
Tirar	

	En mi lengua
Toalla, la	
Tocar	
Tomar nota	
Tomate, el	
Tonelada, la	
Tono, el (ref. al color)	
Tranquilo/a	
Tribu, la	
Trompeta, la	
Trozo, el	

U

	En mi lengua
Urbano/a	
Uso, el	
Usuario/a, el/la	

V

	En mi lengua
Vaso, el	
¡Vaya, hombre!	
Vegetariano/a	
Verano, el	
Verdura, la	
Videojuego, el	
Visita, la	
Visitar	
Voluntariado, el	

Y

	En mi lengua
Yoga, el	

Z

	En mi lengua
Zanahoria, la	
Zumo, el	
Zurdo/a	

Créditos fotográficos

UNIDAD 1: ¡Qué divertido!

Pág. 2: Concierto: A_Lesik, Shutterstock.com. **Pág. 6:** Paseo con perro: Lazarin Hristov, Shutterstock.com. **Pág. 11:** *Rafting*: novak.elcic, Shutterstock.com; Montaña rusa: ChameleonsEye, Shutterstock.com. **Pág. 12:** Mujeres corriendo: MariaSW, Shutterstock.com. **Pág. 13:** Frontón: imagestockdesign, Shutterstock.com. **Pág. 14:** Museo Frida Kahlo: Kamira, Shutterstock.com. **Pág. 18:** Museo: Popova Valeriya, Shutterstock.com.

UNIDAD 2: Estamos de fiesta

Pág. 27: Volkswagen Morado: Jarretera, Shutterstock.com; Coches de colores en La Habana: akturer, Shutterstock.com. **Pág. 37:** Móviles: Cineberg, Shutterstock.com.

UNIDAD 3: Viajes con encanto

Pág. 39: Alhambra: Alarax, Shutterstock.com. **Pág. 41:** Museo de Historia Natural, Londres: Tupungato, Shutterstock.com. **Pág. 42:** Guía de Frankfurt: anurakss, Shutterstock.com; **Pág. 43:** Barco: Leonard Zhukovsky, Shutterstock.com. **Pág. 46:** Casas Colgadas: Igor Plotnikov, Shutterstock.com. **Pág. 47:** Plaza de Bolívar, Bogotá, Colombia: Jess Kraft, Shutterstock.com; Músicos callejeros, Cuba: danm12, Shutterstock.com. **Pág. 48:** Casa Batlló: nito, Shutterstock.com. **Pág. 54**: Guía de California: padu_foto, Shutterstock.com.

UNIDAD 4: Hemos conectado

Pág. 56: Sala de exposiciones: Adriano Castelli, Shutterstock.com. **Pág. 59:** Estocolmo: Suratwadee Rattanajarupak, Shutterstock.com. **Pág. 64:** *Puenting*: Svetlana Lazarenka, Shutterstock.com; Safari: SamanWeeratunga, Shutterstock.com.

UNIDAD 5: Vivencias

Pág. 75: Teatro-Museo Dalí: Karol Kozlowski, Shutterstock.com; Cocotaxis de La Habana: simonovstas, Shutterstock.com; Músicos en La Habana: Gil. K, Shutterstock.com. **Pág. 76:** Chavela Vargas: miguelca, Shutterstock.com; Retrato de Dalí: De Carl van Vechten - Van Vechten Collection at Library of Congress, dominio público, https://commons.wikimedia.org/w/index.php?curid=1316978; Sala Mae West, Teatro-Museo Dalí: Photo_Traveller, Shutterstock.com. **Pág. 82:** Detalle de la casa de Dalí: monysasu, Shutterstock.com. **Pág. 83:** Teatro-Museo Dalí: Denis Babenko, Shutterstock.com; Dalí y Man Ray en 1934: De Carl van Vechten - Van Vechten Collection at Library of Congress, dominio público, https://commons.wikimedia.org/w/index.php?curid=560540; Retrato de Salvador Dalí hecho por García Lorca: De Federico García Lorca - https://sancheztaffurarquitecto.wordpress.com/2014/02/11/resena-federico-garcia-lorca-recopilacion-6-dibujos/garcia-lorca-retrato-de-salvador-dali-1927/, dominio público, https://commons.wikimedia.org/w/index.php?curid=54673482; Dalí en la década de 1960: De Roger Higgins, World Telegram staff photographer - Esta imagen está disponible en la División de Impresiones y Fotografías de la Biblioteca del Congreso de los Estados Unidos, dominio público, https://commons.wikimedia.org/w/index.php?curid=1304063; Atomicus Dalí: De Halsman, Philippe, photographer - Esta imagen está disponible en la División de Impresiones y Fotografías de la Biblioteca del Congreso de los Estados Unidos, dominio público, https://commons.wikimedia.org/w/index.php?curid=4530370. **Pág. 86:** La Bodeguita del Medio: Adwo, Shutterstock.com; Calle de La Habana: Maurizio De Mattei, Shutterstock.com; Bailando salsa en La Habana: Lesinka372, Shutterstock.com; Turistas en La Bodeguita del Medio: Salvador Aznar, Shutterstock.com. **Pág. 87:** Habana Vieja: Kamira, Shutterstock.com; Cocotaxi: Rostislav Ageev, Shutterstock.com; Paladar: Lesinka372, Shutterstock.com.